Dominique Guellec

W0374646

Économie de l'innovation

TROISIÈME ÉDITION

La Découverte
9 *bis*, rue Abel-Hovelacque
75013 Paris

Les opinions émises dans cet ouvrage n'engagent pas l'organisation à laquelle appartient l'auteur.

Si vous désirez être tenu régulièrement informé des parutions de la collection « Repères », il vous suffit de vous abonner gratuitement à notre lettre d'information mensuelle par courriel, à partir de notre site **http://www.collectionreperes.com**, où vous retrouverez l'ensemble de notre catalogue.

ISBN : 978-2-7071-9756-6

DANGER LE PHOTOCOPILLAGE TUE LE LIVRE

Ce logo a pour objet d'alerter le lecteur sur la menace que représente pour l'avenir du livre, tout particulièrement dans le domaine des sciences humaines et sociales, le développement massif du photocopillage. Nous rappelons donc qu'en application des articles L. 122-10 à L. 122-12 du code de la propriété intellectuelle, toute photocopie à usage collectif, intégrale ou partielle, du présent ouvrage est interdite sans autorisation du Centre français d'exploitation du droit de copie (CFC, 20, rue des Grands-Augustins, 75006 Paris). Toute autre forme de reproduction, intégrale ou partielle, est également interdite sans autorisation de l'éditeur.

© Éditions La Découverte, Paris, 1999, 2009, 2017.

Introduction

Le rôle de l'innovation est maintenant reconnu comme essentiel dans la réponse aux grands défis de notre temps : la croissance économique, le changement climatique et les autres dommages à l'environnement, l'amélioration du bien-être et de la santé, les inégalités sociales, etc. C'est en remplaçant les produits et les procédés passés et présents par des nouveaux, plus efficients, plus propres, offrant des fonctionnalités étendues ou nouvelles, que les sociétés pourront poursuivre la trajectoire d'amélioration des conditions de vie sur laquelle elles se sont engagées depuis plusieurs siècles ou plusieurs décennies, selon les cas. L'innovation n'a jamais été aussi rapide et abondante qu'aujourd'hui, son rythme s'est constamment accéléré au cours des derniers siècles, dans les sociétés occidentales d'abord, maintenant à l'échelle mondiale. Dynamisée plus encore par l'Internet et la globalisation, l'innovation est devenue un facteur central de la dynamique sociale en ce début de XXIe siècle. Comprendre l'innovation devient dès lors un enjeu majeur : pour en appréhender les effets, positifs ou négatifs, pour les anticiper, pour éventuellement les influencer par des politiques raisonnées.

Dans cette dynamique de l'innovation, la dimension économique n'est certes pas exclusive, mais elle est importante, et dans bien des cas elle est la plus importante. L'innovation est influencée par les acteurs, les comportements, les grandeurs et les mécanismes économiques, et en retour elle les affecte profondément. Il est donc naturel de mobiliser les outils que fournit la théorie économique pour l'analyser : c'est précisément l'objectif de l'économie de l'innovation, qui est présentée dans cet ouvrage. Les questions auxquelles s'intéresse l'économie de l'innovation sont nombreuses : quelle est l'influence de l'innovation sur la croissance ? sur l'emploi ? sur la qualification de la main-d'œuvre ? sur l'environnement ? sur les structures de marché ? Symétriquement, quelles conditions favorisent ou inhibent l'innovation dans un pays ? dans une région ? Comment l'État peut-il orienter l'innovation vers la satisfaction de certains besoins spécifiques ? Les réponses à ces questions sont bien sûr complexes, car dépendantes du contexte et des acteurs, et elles requièrent la mobilisation de multiples mécanismes. La théorie économique fournit cependant des réponses suffisamment convaincantes et articulées pour être utiles à l'observateur comme au décideur politique. Elle identifie les dilemmes auxquels est confrontée la société, car si l'innovation est plus souvent porteuse de bénéfices collectifs, elle implique aussi des coûts et des risques, collectifs ou individuels. Un cadre analytique rigoureux, comme celui de l'économie, apporte de la clarté dans les débats, permettant alors à l'observateur comme au décideur de faire des choix informés.

On distingue, depuis les travaux pionniers de Joseph Schumpeter, trois stades dans le processus d'innovation. L'*invention* est la production de connaissance nouvelle (des idées) ; l'*innovation*, proprement dite, est un dispositif nouveau, produit, procédé, service ou mode d'organisation effectivement vendu ou mis en œuvre ; la *diffusion* consiste en l'adoption de ce dispositif nouveau à grande échelle, ou par une large population d'agents. Chacune de ces trois phases influence les autres par de multiples canaux. Par exemple, les idées nouvelles permettent la commercialisation de produits nouveaux, lesquels à leur tour suscitent de nouvelles idées ; les produits nouveaux sont diffusés, et la diffusion encourage en retour la mise au point de produits nouveaux.

Il existe diverses taxonomies de l'innovation. On oppose les innovations radicales (de grande ampleur : le micro-ordinateur) aux innovations incrémentales (de petite taille : la dernière adaptation d'un logiciel préexistant). On distingue les innovations de produit des innovations de procédé, de marketing et d'organisation : selon le *Manuel d'Oslo* [OCDE, 2005]*, qui sert de référence aux statisticiens pour ces questions, « on entend par innovation technologique de produit la mise au point/commercialisation d'un produit plus performant dans le but de fournir au consommateur des services objectivement nouveaux

* Les références entre crochets renvoient à la bibliographie en fin d'ouvrage.

ou améliorés. Par innovation technologique de procédé, on entend la mise au point/adoption de méthodes de production ou de distribution nouvelles ou notablement améliorées. Elle peut faire intervenir des changements affectant — séparément ou simultanément — les matériels, les ressources humaines ou les méthodes de travail ». L'innovation peut être technologique ou non technologique (nouveau service), voire un hybride des deux types. L'innovation peut concerner le mode de délivrance d'un bien ou d'un service (par exemple une plate-forme pour appeler un taxi), ou l'organisation de la production (la transmission de produits ou d'informations le long d'une chaîne de valeur).

La recherche est la source principale de l'innovation. Selon le *Manuel de Frascati* [OCDE, 2015, la première édition date de 1963], qui est la référence méthodologique pour ces statistiques, « la recherche et le développement expérimental (R-D) englobent les travaux de création entrepris de façon systématique en vue d'accroître la somme des connaissances, y compris la connaissance de l'homme, de la culture et de la société, ainsi que l'utilisation de cette somme de connaissances pour concevoir de nouvelles applications ». La recherche peut être fondamentale (visant à produire des connaissances) ou appliquée (ayant un objectif commercial). Les autres sources de l'innovation sont l'apprentissage par la pratique, l'imitation, l'achat de technologie : elles jouent un rôle important pour rendre opérationnelles les découvertes issues de la recherche ainsi que pour en réaliser pleinement les potentialités et elles peuvent être la source de nouvelles inventions.

Insérer ces concepts dans les schémas généraux de l'économie, trouver les mécanismes économiques auxquels ils obéissent et identifier les relations qu'ils entretiennent avec les grandeurs et les mécanismes économiques : tel est le programme de recherche de la théorie économique de l'innovation. L'approche économique dominante, dite néoclassique, investit dans ce champ l'appareillage conceptuel qu'elle a élaboré ailleurs, hypothèses et modes de raisonnement, avec une propension inégale selon les auteurs à s'adapter aux spécificités du domaine. Dans l'approche néoclassique, les agents sont rationnels en ce sens qu'ils maximisent une certaine fonction (utilité, revenu). Ils innovent dans la mesure où ils espèrent en retirer un bénéfice. Ces agents, innovateurs en concurrence d'un côté, consommateurs de l'autre, se rencontrent sur des marchés. Il en résulte un équilibre, liste des produits, système de prix, de revenus, et l'allocation des ressources correspondante (notamment la quantité de ressources investie dans l'innovation, qui détermine le rythme du changement technique).

Le changement technique est représenté comme un déplacement de la fonction de production. L'innovation est donc vue comme une action optimale des agents dans un certain contexte de contraintes et d'incitations. La recherche économique consiste à construire des systèmes de contraintes et d'incitations particuliers, adaptés à chaque question, et à calculer l'équilibre qui en résulte. C'est ainsi que sont traitées des questions telles que les relations entre innovation et structure de marché, innovation et commerce international, ou les effets des politiques gouvernementales sur l'innovation. Par rapport à d'autres champs d'étude, certains concepts sont ici particulièrement utilisés, tels que le risque, l'anticipation (puisque l'innovation est le fruit d'un investissement), les externalités positives liées à la circulation de la connaissance entre les agents, les économies d'échelle ou l'opportunité technologique, qui désigne le potentiel d'innovation à un instant donné, la destruction créatrice (qui représente une externalité négative).

Une approche alternative a été développée depuis la fin des années 1970 autour de la « théorie évolutionniste ». Ici les agents ne sont plus parfaitement rationnels, les prix ne coordonnent pas parfaitement les actions. Le risque, probabilisable dans la théorie néoclassique, laisse place à l'incertitude (non probabilisable), et le calcul devient ainsi pari. Les innovateurs se présentent sur le marché avec leurs propositions, et la concurrence engendre un processus de sélection qui ne laisse survivre que les plus adaptés (à la demande). La chance plus que le calcul détermine le succès d'un innovateur donné, ce qui n'empêche pas le processus de sélection d'être assez efficace au niveau social. Cette approche se révèle souvent utile dans les études de cas et les études historiques.

L'approche économique de l'innovation (surtout sa version néoclassique) doit être distinguée d'autres approches, à la fois complémentaires et substituables (donc parfois concurrentes !). Les approches sociologique et des sciences de gestion se posent des questions sensiblement différentes de l'économie (le numéro spécial *Revue économique, Revue française de gestion, Sociologie du travail* paru en 1998 présente une confrontation des diverses disciplines sur ce terrain). L'approche économique prend l'optique des motivations pécuniaires d'agents supposés rationnels, dont elle analyse l'interaction essentiellement sur des marchés.

L'approche sociologique s'intéresse plutôt à la formation des préférences et des comportements des agents (appelés dans ce cadre les « acteurs »), y compris les motivations non monétaires (liées aux valeurs culturelles), en insistant notamment sur l'effet des interactions entre ces acteurs. Par exemple, la sociologie étudiera les modifications dans le comportement des consommateurs nécessaires pour la diffusion de l'innovation (la banque automatique), ou les conditions sociales de la formation d'une « culture innovante » opposée à une « culture conservatrice » dans la société ou dans la firme. L'approche gestionnaire cherche à élucider les conditions dans lesquelles l'innovation est un succès ou un échec, dans le but d'aider les responsables d'entreprise à améliorer leur stratégie innovante. Les facteurs de succès peuvent tenir par exemple aux formes d'organisation de la firme (centralisée/décentralisée), aux compétences qu'elle possède, aux incitations qu'elle fournit à ses employés, etc. Les sciences de gestion étudient la genèse de l'innovation dans la firme, les résistances qu'elle rencontre éventuellement en interne et les moyens de les contourner, ou les méthodes aptes à convaincre les consommateurs potentiels d'adopter le produit nouveau.

L'économie de l'innovation est un champ en expansion rapide et récente. On trouve des intuitions fortes dans Adam Smith ou David Ricardo ; on trouve des éléments de théorie également profonds chez Karl Marx ou Joseph Schumpeter. Il faut cependant attendre le début des années 1960 pour qu'une approche plus systématique de l'innovation technologique se dessine, avec les travaux pionniers de Kenneth Arrow, de Richard Nelson et d'autres. L'économie de l'innovation a bénéficié des apports de l'économie industrielle (Jean Tirole) et de l'économie de la croissance (Philippe Aghion). On peut maintenant considérer qu'il existe un appareillage conceptuel substantiel pour aborder les questions liées à l'innovation dans la microéconomie, la macroéconomie, le commerce international ou l'économie du travail. Les limites en sont réelles cependant, et toutes les questions sont loin d'avoir une réponse claire dans les théories constituées (dans quels cas le monopole favorise-t-il ou nuit-il à l'innovation ? Quels sont les instruments efficaces en matière de politique publique d'innovation ? Quel est le degré optimal de protection de la propriété intellectuelle ?).

C'est à exposer les acquis et les limites de l'approche économique de l'innovation que s'attache cet ouvrage : dans la microéconomie (chapitre II), la théorie de la croissance et le commerce international (chapitre III), l'économie du travail (chapitre IV), la politique publique (chapitre V). On commencera par un exposé empirique et statistique des activités innovantes (chapitre I).

L'ouvrage part de questions et non de théories particulières. Les théories sont appelées par les questions, et, lorsqu'il y a désaccord entre les théories, elles sont confrontées sur la base des réponses à ces questions. On ne trouvera pas ici la formalisation associée aux raisonnements qui sont présentés, elle est exposée dans des manuels plus volumineux ou plus spécialisés (cités dans la bibliographie à la fin de ce volume). Des références empiriques — statistiques, travaux économétriques, observations qualitatives et études de cas — sont systématiquement appelées pour illustrer les théories.

I / Les activités d'innovation dans l'économie

Le poids de l'innovation dans l'économie peut être mesuré de deux points de vue : par les ressources qu'elle mobilise, budgets, hommes et équipements, ou par son impact sur l'activité économique. Bien que les problèmes statistiques soient difficiles (voir encadré p. 20), les chiffres convergent cependant pour montrer que le poids de l'innovation est considérable et qu'il tend à croître avec le temps. Cela est vrai dans une perspective longue. La production par tête a été multipliée par quinze à vingt depuis le début du XIXe siècle dans les pays occidentaux, en grande partie grâce à la technologie. Le nombre des brevets accordés chaque année aux États-Unis était de quelques centaines au début du XIXe siècle, il était, en 2015, de trois cent mille. L'augmentation du poids des activités innovantes est aussi perceptible sur une période plus courte. Le nombre des chercheurs a été multiplié par deux dans l'OCDE entre la fin des années 1960 et la fin des années 2000. La part des dépenses de recherche et développement (R&D) civiles dans le PIB est passée dans le même temps de 1 % à 2,5 % environ.

Les activités de recherche : comparaison internationale

Les dépenses en recherche-développement ont dépassé 1 500 milliards de dollars en 2014. Cela représente un doublement en vingt ans. La Chine à elle seule a contribué pour près de la moitié à cette progression : d'un niveau négligeable en 1994, les dépenses de R&D y sont passées à 370 milliards de dollars en 2014, dépassant cette année-là celles de l'Union européenne (363 milliards de dollars). Les États-Unis restent le premier pays

Tableau I. **Dépenses totales en R&D**
(milliards de dollars, parité de pouvoir d'achat 2010)

	1996	2015
France	27,8	54,3
Allemagne	39,6	99,6
Union européenne	132,6	336,7
Japon	82,8	159,2
États-Unis	193,8	432,6
Chine	11,6	344,7

Source : OCDE.

du monde par sa dépense en R&D, avec 450 milliards de dollars. La part des États-Unis dans le monde a continuellement baissé depuis les années 1970 (elle était supérieure à 50 % en 1975), d'abord au profit du Japon, puis depuis la fin des années 1990 au profit de la Chine. La trajectoire de l'Europe a été similaire. Au sein de l'Europe, l'Allemagne est le premier pays (83 milliards d'euros), elle est suivie de la France (48 milliards d'euros) et du Royaume-Uni (34 milliards d'euros).

Le niveau des dépenses de R&D est évidemment influencé par la taille du pays. Afin de comparer les efforts entre les pays, il est donc utile de normaliser les dépenses de R&D par un indicateur de taille. Cela permet de voir, par exemple, que si les dépenses de R&D du Luxembourg sont plus faibles que celles de la Chine, cela n'empêche pas le Luxembourg d'avoir un niveau technologique plus élevé que celui de la Chine. C'est généralement le PIB qui est choisi pour normaliser, permettant de calculer l'« intensité en recherche » (ratio dépenses de R&D/PIB). Cette intensité est de 2,4 % en moyenne dans la zone OCDE. On voit (graphique 1) que la Corée vient largement en tête, suivie du Japon et de la Finlande, l'Union européenne venant nettement derrière. Cette position faible renvoie pour beaucoup à la présence de quelques pays peu actifs en recherche au sein de l'Union (Italie, Grèce et Portugal, par exemple). Si l'on regarde au niveau des pays membres, il apparaît que, en plus des pays nordiques, l'Allemagne et, dans une moindre mesure, la France sont très actives.

L'intensité en recherche présente une tendance temporelle plutôt ascendante en longue période, au-delà de fluctuations transitoires (graphique 2). Elle marque une pause dans la plupart

Graphique 1. **Intensité en recherche, 2014**
(dépenses de R&D en % du PIB)

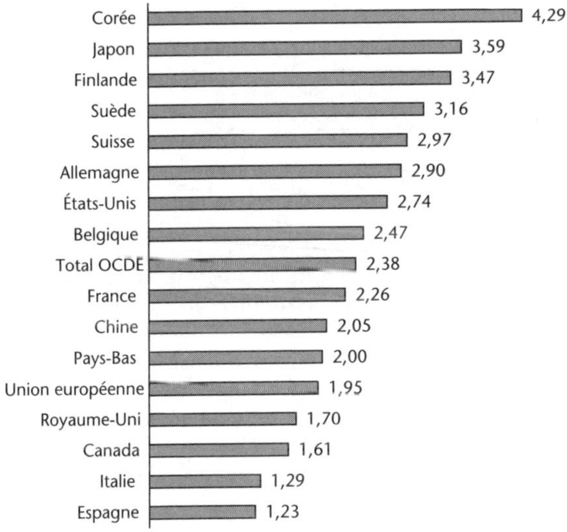

Source : OCDE.

des pays entre le milieu ou la fin des années 1980 et le milieu des années 1990, avant de reprendre sa croissance jusqu'au début des années 2000, où elle tend à nouveau à stagner (ralentissement de la croissance économique). Cette augmentation tendancielle renvoie au fait que l'innovation est un argument de plus en plus important dans la concurrence entre firmes (renouvellement et adaptation des produits, réduction des coûts par augmentation de la productivité). Cela peut être le signal de l'entrée des nations développées dans une phase d'« économie fondée sur la connaissance » (par opposition à l'économie fondée sur l'industrie, dominante depuis deux siècles, et dans laquelle le capital physique déterminait la richesse). De fait, les autres actifs intangibles (éducation, logiciel) voient aussi leur part dans le PIB augmenter tendanciellement [OCDE, 2014a].

La crise de 2008 a eu un effet marqué sur les dépenses de R&D. Alors que les gouvernements ont accru leurs dépenses en 2009, ils les ont ensuite réduites, du fait des difficultés budgétaires. Inversement,

Graphique 2. **Intensité de la recherche, 2000-2014**

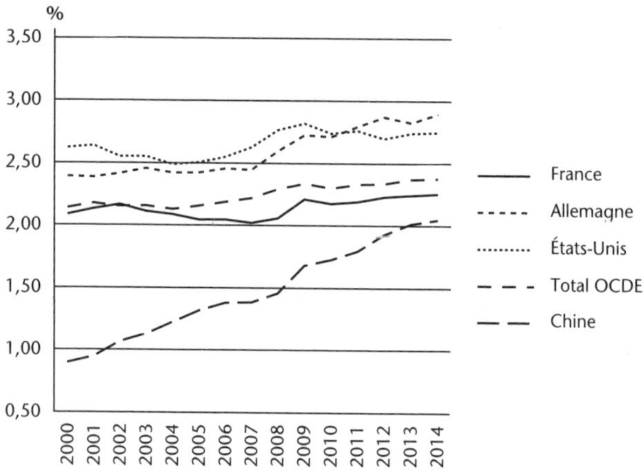

Source : OCDE.

les grandes entreprises, après un repli en 2009, ont repris leurs efforts en 2010. Quant aux petites entreprises, confrontées à des difficultés financières, elles n'avaient pas, près de dix ans après la crise, encore retrouvé leurs niveaux antérieurs [OCDE, 2016].

L'effort de R&D peut aussi être mesuré par le nombre des personnels impliqués. Il s'agit pour beaucoup de chercheurs, mais aussi d'ingénieurs, de techniciens et d'ouvriers. Par rapport aux dépenses de recherche, le nombre des personnels de recherche ne tient pas compte du niveau des salaires et des dépenses en capital et en biens intermédiaires (en moyenne, les dépenses en personnels représentent la moitié des dépenses totales en R&D). Ils sont en 2014 plus de 13 millions de travailleurs dans la recherche dans l'ensemble du monde, dont plus de 420 000 en France. La part des personnels de recherche dans la main-d'œuvre totale (tableau I) donne des signaux similaires aux indicateurs de dépense, sauf en ce qui concerne la Chine dont la part dans les chercheurs est plus élevée que dans les dépenses du fait d'un coût par chercheur relativement faible.

Les dépenses de recherche peuvent être distinguées selon leur *source de financement* (gouvernement ou entreprise) et

Tableau II. **Part du gouvernement dans le financement de la R&D** (pourcentage)

Pays	1996	2006	2014
France	43	38	35
Allemagne	37	28	29
Royaume-Uni	32	32	29
Union européenne	39	34	33
Chine	–	25	20
États-Unis	34	29	28
Total OCDE	32	29	28

Source : OCDE.

selon leur *secteur d'exécution* (public ou privé). Cela donne un premier aperçu des modes d'organisation institutionnelle de la recherche, qui se révèlent très différents entre pays et changeants au cours du temps. En ce qui concerne la source de financement (tableau II), il apparaît que les États-Unis, le Royaume-Uni et la France sont des pays où le gouvernement joue un rôle majeur, alors qu'il était plus faible en Allemagne et davantage encore au Japon. Le poids de la défense dans l'activité nationale est un facteur essentiel dans ce phénomène. Ce sont les pays dotés de l'arme nucléaire qui ont un gouvernement plus actif. Le nucléaire mais aussi les autres composantes de la défense sont extrêmement intensifs en R&D. La Seconde Guerre mondiale a montré que l'avantage technologique était décisif en matière de guerre, et les gouvernements ont retenu la leçon. Les financements gouvernementaux ne concernent pas seulement la défense : ils visent aussi à soutenir la recherche fondamentale (dont l'objectif est la production de connaissance, par opposition notamment aux finalités économiques), d'autres objectifs sociaux, comme l'environnement ou la santé, et la compétitivité. Celle-ci est supportée à travers des infrastructures publiques de recherche (centres publics de recherche transférant leurs résultats vers l'industrie ou travaillant en collaboration avec elle) ou par des subventions directes ou indirectes. Le poids du gouvernement dans la recherche connaît une tendance clairement décroissante au cours des trente dernières années. En plus des facteurs liés aux dépenses gouvernementales elles-mêmes (fin de la guerre froide, tensions budgétaires), cela reflète une propension plus grande des entreprises à financer le changement technique, lequel est maintenant guidé plus par les marchés que par les choix publics.

Les entreprises industrielles et la recherche

Les entreprises sont, dans tous les pays, le lieu principal d'exécution de la recherche (tableau III). Elles réalisent 70 % de la recherche dans l'ensemble de l'OCDE [2014a], avec un niveau de 71 % aux États-Unis, de 68 % en Allemagne, 64 % dans l'Union européenne, 65 % en France.

La recherche est une activité inégalement distribuée entre les firmes : c'est seulement une petite minorité d'entreprises qui en font (14 000 en France, sur un total de plus de 3 millions d'entreprises). L'inégalité est d'abord guidée par la taille : ce sont essentiellement les grandes entreprises qui font de la recherche : les firmes de plus de 5 000 salariés réalisent 58 % de la recherche industrielle en France. Le tableau IV fournit la liste des plus grandes entreprises de recherche dans le monde et en France. On y découvre par exemple que la première entreprise du monde en R&D (Volkswagen) dépense en recherche presque autant que l'État français (14 milliards d'euros environ en 2016).

Les secteurs d'activité pèsent des poids très différents dans la recherche (tableau V). Traditionnellement, l'industrie manufacturière était le lieu presque unique de la recherche, notamment dans les secteurs de haute technologie (aérospatial, électronique, pharmacie, télécommunications) et moyenne-haute technologie (chimie, automobile, machines). Ces secteurs ont encore un poids élevé aujourd'hui, mais les secteurs les plus innovants sont maintenant dans le logiciel et l'Internet. Les dépenses en recherche y ont bondi depuis le début du millénaire. De plus, la recherche dans tous les secteurs, y compris les secteurs manufacturiers, est intensive en logiciel. Il y a donc un ensemble de secteurs qui, au-delà de leur poids assez limité dans la valeur ajoutée (de l'ordre de 10 % selon les pays), fournissent la plus grande partie des innovations issues de la recherche, et contribuent ainsi à accroître la productivité de l'ensemble des autres secteurs qui adoptent ces innovations.

Le poids relatif des différents secteurs (la spécialisation) varie d'un pays à l'autre. Ainsi, aux États-Unis, au Royaume-Uni et en France, l'aérospatial et les équipements électroniques ont un

Tableau III. **R&D réalisée par les entreprises**
(2014)

Pays	**Montant (milliards de dollars)**	**Intensité (R&D/valeur ajoutée des entreprises, en %)**
France	35,2	2,54
Allemagne	67,2	3,09
Union européenne	212,7	1,97
Japon	123,8	4,33
États-Unis	305	3,06
Chine	266,4	2,03

Source : OCDE.

Tableau IV. **Les plus grandes entreprises de recherche (2015)**
(millions d'euros)

Dans le monde		**En France**	
Volkswagen (All.)	13 120	Peugeot	2 260
Samsung (Corée)	12 187	Alcatel-Lucent	2 250
Microsoft (EU)	9 921	Renault	1 890
Intel (EU)	9 502	Total	1 353
Novartis (Suisse)	8 217	Safran	1 313
Google (EU)	8 098	Schneider	922
Roche (Suisse)	7 422	Servier	862
Johnson & Johnson (EU)	6 996	Valeo	807
Toyota (Japon)	6 858	Électricité de France	784
Pfizer (EU)	6 844	L'Oréal	760

Source : EU Industrial R&D Scoreboard, 2008.

poids élevé (en liaison avec leurs usages militaires), alors que l'Allemagne est plus présente dans la chimie et l'automobile, et le Japon dans l'automobile et les équipements électroniques civils. Cependant, les différences d'intensité de recherche entre pays ne s'expliquent pas seulement par les différences de spécialisation sectorielle : les pays globalement les plus intensifs en recherche le sont dans la plupart des industries prises séparément.

Tableau V. **Part de la R&D privée totale par industrie, France, 2013** (en %)

Services	21,4
Aérospatial	11,4
Électronique, informatique	13,4
Pharmacie	10,1

Source : OCDE.

Les résultats de l'innovation

Les ressources investies dans la recherche sont donc considérables : mais quels en sont les résultats ? Mesurer l'innovation technologique et ses effets sur l'économie est plus difficile que mesurer les ressources investies en recherche (voir encadré p. 20), notamment parce que le concept d'innovation est moins clair, d'un point de vue comptable, que celui de recherche.

On peut d'abord dénombrer les entreprises innovantes, définies comme celles qui ont introduit ou mis en œuvre un produit, procédé, une méthode marketing ou un mode d'organisation nouveau au cours d'une période donnée. Les enquêtes « Innovation » ont été réalisées en France [Clément et Lelarge, 2006] et dans d'autres pays d'Europe. Environ 54 % des entreprises françaises sont innovantes dans ce sens en 2002-2004. Plus précisément, entre 2002 et 2004, 23 % des entreprises françaises de l'industrie ont introduit un produit nouveau. La proportion d'entreprises innovantes, comme celle des firmes faisant de la recherche, varie selon la taille, avec un sommet à 95 % pour celles de plus de 2 000 salariés et selon le secteur, avec des taux plus élevés dans la pharmacie (74 %) et l'électronique (73 %).

Le brevet est l'indicateur de résultat technologique le plus largement utilisé (voir encadré p. 20). Si l'on prend comme référence les demandes internationales de brevets (tableau VI), on observe d'amples changements dans les parts des pays entre 2000 et 2014. D'abord, les pays de l'OCDE ont une part écrasante dans les brevets, qui reflète leur prééminence en matière d'innovation. Ce tableau montre essentiellement la montée fulgurante de la Chine au cours des années 2000. L'industrie de ce pays est devenue de plus en plus innovante dans cette période, jusqu'à s'imposer comme une puissance technologique de premier plan au cours de la décennie 2010.

Cette montée s'est accompagnée d'un recul relatif qui touche tous les autres pays, France, États-Unis ou Allemagne. Ces deux derniers gardent cependant des positions très fortes. Les données de brevet reflètent surtout les inventions de type manufacturier, elles captent mal les inventions de type logiciel, lesquelles ont acquis une place centrale dans les processus d'innovation au cours de cette période. Les entreprises américaines y ont un rôle essentiel, elles animent aussi bien l'Internet que la transformation digitale de la consommation et de l'industrie, et cette performance n'est pas reflétée dans les données de brevet.

L'évolution de la productivité, qui est le revenu produit rapporté aux ressources utilisées (travail, capital), est l'ultime mesure du progrès technique dans le domaine économique. Elle est certes influencée par des facteurs non technologiques (organisation, qualification de la main-d'œuvre, intensité du travail), mais sa croissance dans le long terme est attribuable essentiellement au progrès technique. Seuls le perfectionnement continu des méthodes de production et l'amélioration des biens produits permettent d'engendrer l'augmentation soutenue de l'efficacité de la production qui est observée depuis deux siècles dans les économies occidentales, depuis moins longtemps ailleurs dans le monde. De ce point de vue, des tendances apparaissent à la lecture du tableau VII. On y voit d'abord la croissance très rapide des années 1960, point d'orgue des « trente glorieuses » (de 1945 à 1973). Celles-ci constituent une sorte d'anomalie historique, en ce sens que nulle autre période dans l'histoire économique n'offre un rythme d'expansion comparable. Le ralentissement qui intervient au lendemain du premier choc pétrolier n'en est que plus frappant, alors même que la productivité depuis 1973 évolue à un rythme similaire à celui des périodes antérieures à la Seconde Guerre mondiale (mais postérieures à la révolution industrielle). Les raisons du bond de l'après-guerre ainsi que celles de son épuisement sont l'objet de grands débats parmi les économistes. Rares sont ceux cependant qui voient dans le ralentissement de la productivité l'effet direct d'un ralentissement supposé du changement technique. La croissance de l'après-guerre repose largement sur la mise en œuvre (et par là même l'innovation née de l'apprentissage par la pratique) de technologies découvertes avant et durant la guerre, notamment aux États-Unis. On a pu parler en ce sens de « rattrapage », ce qui signifie que les pays retardataires (Europe, Japon) bénéficient de l'adoption des

Tableau VI. **Part des pays dans les demandes de brevets auprès de l'OMPI (Organisation mondiale de la propriété intellectuelle)**
(en %)

	2000	2014
France	6,4	4,0
Allemagne	13,1	8,8
Union européenne	36,4	25,6
États-Unis	40,2	26,5
Chine	1,4	12,8

Source : OMPI.

techniques de la puissance la plus avancée (les États-Unis, qui fixent ici la « frontière technologique ») et de ce fait tendent à se rapprocher d'elle en termes de richesse. Dans un tel schéma, l'achèvement du rattrapage serait une cause essentielle dans le ralentissement de la croissance observé après 1973.

La productivité a poursuivi son ralentissement de façon ininterrompue depuis 1973, descendant même d'un palier supplémentaire au milieu des années 2000 : elle est aujourd'hui dans l'ensemble des grands pays à un rythme inférieur ou égal à 1 % par an. Plusieurs explications sont avancées pour cela. Une première souligne les difficultés de mesure : les statistiques de PIB n'intègrent pas bien la production des secteurs nouveaux (qui fournissent des produits souvent gratuits) ni les changements de qualité des produits existants, aboutissant ainsi à sous-estimer le volume de la production et donc la productivité. Une seconde explication met en avant les conditions macroéconomiques, notamment la faiblesse de l'investissement des entreprises, qui se sont accentuées après la crise financière de 2008. L'investissement est un vecteur des technologies nouvelles, sa réduction signifie donc une modernisation ralentie de l'économie et donc des gains de productivité moindres. Une troisième explication, la plus controversée, en appelle à un déclin du progrès technique [Gordon, 2016]. Selon cette thèse, la croissance rapide du XXe siècle serait un événement historiquement exceptionnel, dû à la coïncidence d'inventions uniques (le moteur à explosion, l'électricité, etc.) à la fin du XIXe siècle. Les inventions actuelles, ordinateur ou biotechnologies, seraient mineures en comparaison de leurs prédécesseurs et ne pourraient donc engendrer des gains de productivité aussi

Tableau VII. **Taux de croissance de la productivité horaire du travail** (PIB par heure travaillée, moyenne annuelle en pourcentage)

Pays	1960-1973	1974-1995	1996-2008	2009-2015
France	5,3	2,8	1,6	0,7
Allemagne	5,2	2,9	1,5	0,6
Japon	9,3	3,1	1,9	1,0
États-Unis	2,9	1,1	2,1	1,0
Total OCDE	4,1	2,0	1,9	0,9

Source : OCDE.

élevés. Cette thèse est contestée notamment par les tenants de la digitalisation, qui soulignent, au contraire, les transformations fondamentales de la production et de la consommation engendrées par les technologies digitales, expliquant alors les faibles gains de productivité par les délais nécessaires pour que l'économie et la société s'adaptent à ces technologies et en exploitent tout le potentiel.

Innovation et recherche dans les services

La vision dominante a longtemps été que les activités d'innovation ne concernaient pas les secteurs des services. Imagine-t-on un hôtel-restaurant réalisant de la recherche ? Les services étaient donc considérés comme de simples utilisateurs des innovations produites en amont par l'industrie manufacturière. Avec la transformation en profondeur des services au cours des dernières décennies, une vision différente s'est peu à peu imposée. Des secteurs nouveaux sont apparus, telle l'industrie du logiciel. D'autres font un usage intensif des technologies de l'information pour proposer de nouveaux produits et de nouveaux services, telles la banque et l'assurance, qui requièrent une recherche considérable en matière de gestion de l'information. C'est principalement avec la diffusion des technologies de l'information et de la communication que les services sont devenus plus actifs en matière d'innovation. Il est clair maintenant que, dans nombre de filières technologiques, l'avancée des industries manufacturières dépend de celle des services : de meilleurs logiciels de simulation permettent des innovations dans la chimie ou l'aérodynamique, la conception assistée par ordinateur a pénétré le cœur des laboratoires dans l'électronique ou

Mesures de l'innovation et des activités innovantes

L'innovation technologique est l'objet de multiples types de mesures. Chacune éclaire un aspect du phénomène. Seul un examen en parallèle des différents indicateurs permet d'avoir une vue un tant soit peu globale de l'innovation. L'inexistence d'une mesure synthétique (qui serait, par exemple, un « taux de progrès technique ») n'est pas un accident. Elle renvoie à l'hétérogénéité du domaine et à son éloignement relatif du marché, qui interdisent de ramener toutes les innovations à une même unité de compte, qui permettrait ensuite de les additionner. Il est évidemment impossible de compter dans une même unité physique deux innovations de natures différentes, par exemple un nouveau modèle d'automobile et un nouveau logiciel. Dans d'autres domaines statistiques, par exemple la mesure de la production, on remédie à cela en utilisant des mesures en valeur monétaire. Cela suppose que l'on observe le prix de chaque bien, et donc qu'il existe un marché pour chaque bien. Cette condition n'est pas remplie en général dans le cas de la technologie. Si l'on observe effectivement le prix d'une automobile, on ne connaît en revanche pas la contribution de la technologie à la valeur du bien. S'il existait un marché complet de la technologie (que toutes les innovations fassent l'objet de transactions marchandes avant leur mise en œuvre dans la production), le problème serait résolu. Bien que le marché ait un rôle croissant dans l'allocation des ressources technologiques, par les cessions de brevets ou les contrats de licence ou de recherche, il est encore relativement marginal. Il faut donc recourir soit à des mesures partielles (mesures d'intrants ou de performance), soit à des mesures indirectes utilisant des techniques économétriques pour extraire l'information recherchée en s'appuyant sur certaines hypothèses analytiques (ces travaux sont présentés dans Bresnahan et Gordon [1997]). De plus, les mesures assises sur les prix de marché ne donnent une idée que de la valeur privée de l'innovation pour son propriétaire, elles ne disent rien sur sa valeur sociale, c'est-à-dire le bénéfice que la société en retire (les consommateurs, les utilisateurs indirects, les générations futures). Or, dans le cas de la technologie, la valeur sociale est généralement différente de la valeur privée, du fait de l'imperfection structurelle des marchés (chapitre II).

La plus connue des mesures de l'innovation technologique, car la plus ancienne et la moins discutée en termes de fiabilité statistique, est la dépense en recherche-développement. Elle est mesurée dans la plupart des pays de l'OCDE depuis les années 1960 et codifiée dans le *Manuel de Frascati* [OCDE, 2015]. La source en est un ensemble d'enquêtes auprès des entreprises et des organismes publics, auxquels il est demandé le montant de leurs dépenses de recherche et des informations complémentaires. Cette mesure fait l'objet de deux critiques principales : d'une part, elle ne recouvre qu'une partie des activités d'innovation, excluant par exemple les dépenses en design ou en construction de prototypes (les données recueillies par ailleurs tendent à montrer que la recherche ne représente en moyenne qu'un tiers des dépenses liées à l'innovation) ; d'autre part, elle est une mesure d'intrants et non de résultat. Une augmentation des dépenses en recherche peut signifier un regain d'innovation comme elle peut signifier une moindre efficience dans l'activité de recherche. Ainsi, la réduction des dépenses de recherche aux États-Unis à partir du milieu des années 1980 semble s'être accompagnée d'un affermissement de leur domination technologique, au moins dans certains domaines. De plus, la recherche dans les petites entreprises est, semble-t-il, sous-estimée par les enquêtes (seules sont enquêtées les firmes qui emploient au moins un chercheur, en équivalent temps plein), et dans nombre de pays les secteurs des services sont sous-représentés dans les échantillons (mais des progrès importants ont été réalisés de ce côté).

Les principales mesures de résultats sont les brevets, les comptages de firmes innovantes et les indices de productivité. Les brevets sont des titres de propriété accordés par les États sur les inventions qui remplissent certaines conditions, en termes de nouveauté notamment. Le comptage des brevets, ou des demandes de brevets, reflète le nombre des inventions, donc l'ampleur du changement technique [OCDE, 2009a]. Deux critiques sont adressées à cet indicateur.

D'une part, les brevets sont de valeur très inégale, allant de plusieurs milliards d'euros pour quelques-uns (Polaroid, PCR) à zéro pour beaucoup, qui ne sont pas exploités (la moitié des brevets délivrés est dans ce cas). De plus, la relation entre brevet et invention n'est pas strictement déterministe. Par exemple, des firmes prennent des brevets dans certains domaines pour faire croire à leurs concurrents qu'elles s'y intéressent alors qu'en réalité elles suivent d'autres pistes de recherche. Inversement, nombre d'inventeurs préfèrent garder secrètes des inventions de grande valeur pour éviter l'imitation que peut favoriser la prise d'un brevet (laquelle exige la publication d'un descriptif précis de l'invention couverte). Additionner des entités aussi hétérogènes et éloignées de l'acte d'invention lui-même donne donc une vue imparfaite du progrès technique sous-jacent.

D'autre part, le brevet est un titre juridique pour lequel les conditions d'éligibilité varient d'un pays à l'autre et au cours du temps. Il est connu qu'un brevet délivré par l'office européen (OEB) ou par l'office américain (USPTO) est de plus grande valeur qu'un brevet accordé par l'office japonais : les inventions couvertes sont plus larges, l'exigence de nouveauté est plus grande. On ne peut donc comparer les brevets délivrés par ces différents offices, et l'on se restreint à des comparaisons des brevets délivrés par un même office.

Les « enquêtes innovation » sont réalisées auprès des entreprises de façon régulière dans la plupart des pays européens et certains autres pays de l'OCDE, et au-delà, depuis le début des années 1990. Leurs principes méthodologiques sont codifiés dans le *Manuel d'Oslo* [OCDE, 2005]. L'information obtenue concerne la réalisation par la firme d'au moins une innovation, le type d'innovation (produit, marketing, procédé, organisation), les coûts de l'innovation (recherche, design, équipement, brevets), les sources de l'information technologique (laboratoires publics, concurrents, fournisseurs, clients), la part des produits innovants dans le chiffre d'affaires, les obstacles à l'innovation (coût, risque, pénurie de personnel qualifié).

La productivité est la quantité de produit d'une entité, firme ou nation par exemple, rapportée aux intrants qu'elle a consommés, capital et main-d'œuvre notamment. Sa croissance reflète notamment le progrès technique. La technologie n'est en fait qu'une composante de la productivité, aux côtés d'autres telles la qualification des travailleurs, l'organisation, etc. Elle est cependant dans le long terme au moins la composante essentielle et peut à ce titre être intégrée dans la panoplie des indicateurs de l'innovation. La productivité est calculée comme un résidu, la différence entre la croissance du produit et celle d'un indicateur d'intrants : elle est donc par nature affectée par les possibles erreurs de mesure dans ces grandeurs.

L'innovation n'est pas seulement difficile à mesurer : elle entraîne aussi des problèmes statistiques pour la plupart des autres grandeurs économiques. En effet, l'innovation de produit signifie une modification du panier des biens disponibles. Des produits nouveaux apparaissent tandis que d'autres disparaissent, la qualité des biens change. La construction d'indices de prix dans un contexte si changeant est un exercice difficile. Comment mesurer par exemple l'évolution du prix des ordinateurs ? S'en tenir au prix affiché conduit à omettre les progrès drastiques de la qualité (la vitesse de calcul et la taille des mémoires doublent tous les dix-huit mois environ, à coût constant). Mais mesurer la qualité est également difficile et hautement dépendant de la définition de la qualité qui est retenue par le statisticien — définition forcément arbitraire. La tendance actuelle est à une utilisation croissante des « indices de prix hédoniques », qui retiennent une acception assez large de la notion de qualité et évaluent son évolution par des techniques économétriques (mais qui reposent sur des hypothèses parfois fragiles). L'impact de ces problèmes sur les statistiques économiques ne doit pas être sous-estimé : une mesure plus rigoureuse de l'indice des prix aux États-Unis a conduit à estimer l'erreur commise par l'omission des changements de qualité à environ 0,5 % par an [Boskin *et al.*, 1998]. Cela signifie que l'augmentation du produit réel, le PIB en volume, serait elle-même sous-estimée d'un tel montant chaque année, puisque le PIB réel est obtenu par différence de la production nominale et de l'indice des prix (en fait, la prise en compte des changements de qualité des produits conduit à effectuer d'autres modifications dans les méthodes de calcul du PIB qui peuvent induire une révision à la baisse du chiffre non corrigé). L'effet sur la mesure de la productivité est par contre plus incertain, puisque les intrants eux-mêmes doivent être corrigés. L'indicateur de la croissance du capital en volume, par exemple, devra intégrer la nouvelle mesure de qualité des ordinateurs. Certains observateurs voient dans l'erreur de mesure supposée de la productivité une cause du ralentissement apparent que celle-ci connaît après 1973.

l'automobile. Avec la vague de digitalisation qui s'est répandue dans l'industrie, l'innovation digitale est maintenant le moteur principal de la transformation économique.

Les activités de services réalisent une partie croissante et maintenant considérable des dépenses de recherche du secteur des entreprises : 40 à 60 % dans la plupart des pays, 30 % aux États-Unis, mais seulement 12 % au Japon et en Allemagne, 20 % en France (mais les chiffres ne sont pas totalement comparables). Au-delà de la reconnaissance de l'activité innovante des services, il est cependant difficile de bien comprendre en quoi celle-ci consiste précisément, et plus encore en quoi elle est reliée à la technologie. Certes, dans le cas de l'industrie des logiciels, il y a clairement innovation technologique au sens traditionnel. Cependant, une nouvelle coupe de cheveux proposée par un coiffeur inventif est certes une innovation, mais son rapport à la technologie est lointain (à moins qu'elle ne repose sur un nouveau type d'équipement, tondeuse ou logiciel). Un autre aspect de la question est le poids des innovations organisationnelles dans les services : l'invention du grand magasin au XIXe siècle, puis du supermarché, celle du self-service en matière de restauration sont des exemples d'innovations aux effets majeurs sur la productivité, mais qui ne reposent pas directement sur de nouvelles technologies (elles en dépendent cependant indirectement : l'hypermarché, par exemple, exige que les consommateurs se déplacent en voiture). On rencontre aussi ce type d'innovations dans l'industrie, mais elles y ont sans doute des effets relativement moindres.

Il apparaît cependant qu'un traitement à part des services, comme secteur où l'innovation technologique est de nature différente de l'industrie manufacturière, ne se justifie pas. En premier lieu, la frontière entre les services et l'industrie est de plus en plus floue. Les entreprises industrielles inventent des logiciels, des entreprises de services inventent des procédés industriels (McDonald's a dépensé des millions de dollars pour mettre au point une nouvelle cuisine, installée en 1998, qui impliquait le perfectionnement des systèmes de cuisson, un traitement informatisé des données et un système de « juste-à-temps » inspiré de Toyota). Cela renvoie aussi aux transformations que connaît l'industrie manufacturière, laquelle fournit de plus en plus de services : par exemple, la maintenance des équipements de haute technologie est généralement effectuée par le fabricant lui-même, ou, dans le cas du spatial (*Ariane*), ce n'est pas une fusée qui est vendue au client, mais un lancement dans l'espace, qui est un service.

En deuxième lieu, la typologie des innovations appliquée à l'industrie (la distinction entre innovation de produit et de procédé) est souvent ambiguë dans le cas des services où des innovations peuvent concerner à la fois le produit et le procédé (par exemple les distributeurs de billets). C'est également le cas dans l'industrie (lorsqu'un fabricant change le matériau dans lequel est fait son produit, il change à la fois les propriétés de ce dernier et les modes de fabrication).

Enfin, de plus en plus de firmes spécialisées dans la recherche sont créées, qui servent des clients dans l'industrie (c'est le cas dans les biotechnologies, l'électronique, les nouveaux matériaux) : or la recherche est une activité de service par excellence. Si la distinction entre services et industrie manufacturière est pertinente de certains points de vue, par exemple lorsqu'il s'agit d'analyser l'investissement physique (l'intensité capitalistique des services est généralement très inférieure à celle du manufacturier), cela n'est pas le cas lorsque l'on étudie l'innovation. Dans ce cas, une classification plus fine est utile, qui intègre par exemple le fait que certains secteurs des services comme du manufacturier sont de haute technologie (les logiciels et les ordinateurs), tandis que d'autres ont une faible activité d'innovation technologique (les hôtels ou le textile).

II / Microéconomie de l'innovation

La microéconomie de l'innovation analyse le comportement des firmes et le fonctionnement des marchés dans l'activité d'innovation. La première question qui se pose est celle des raisons pour lesquelles une firme innove ou n'innove pas. Quelles sont les incitations et les obstacles à l'innovation, par quels facteurs, internes ou externes à la firme, sont-ils influencés ? La seconde question concerne l'efficience du marché comme mécanisme de coordination. Le marché transmet-il les bons signaux à la firme, permet-il que le comportement d'innovation de celle-ci corresponde à l'intérêt de la société dans son ensemble ?

Les incitations à innover

Pourquoi une firme choisit-elle d'innover ? La réponse de la théorie microéconomique à cette question, comme à tous les autres traits du comportement de la firme, est que celle-ci trouve un gain à le faire. L'innovation lorsqu'elle réussit est pour la firme une source de revenu extraordinaire, de rente. La rente est la différence entre le coût marginal, y compris le coût du capital (qui inclut le profit au sens de la théorie économique), et le prix de vente. L'innovation de produit est la source d'une rente de monopole. L'entreprise innovante se trouve seule à fournir un certain bien que les consommateurs désirent. Puisqu'elle ne subit pas directement la pression de la concurrence sur ce créneau qu'elle a ouvert, elle est à même de faire payer au consommateur un prix plus élevé que le coût marginal — celui qu'elle obtiendrait sur un marché parfaitement concurrentiel. L'innovateur en procédé fabrique le bien à un coût inférieur à ses concurrents. Il peut choisir de le vendre à son coût réel ; chassant alors ses concurrents du marché, il se trouve en position de monopole. Il peut choisir alternativement de vendre son bien au prix courant (égal au coût de ses concurrents), gagnant alors la différence entre ce prix et son coût plus bas (c'est la « plus-value extra » de Marx).

C'est parce que l'innovateur échappe à la concurrence qu'il peut obtenir une rente, c'est-à-dire un revenu en sus de celui lié à la productivité marginale des facteurs. Lorsque le processus d'imitation se met en place, lorsque les concurrents sont à même d'offrir des biens substituables, ou même similaires, à l'innovation initiale, la concurrence par les prix reprend. Cela est illustré dans le cas des microprocesseurs. À chaque génération nouvelle, le leader technologique Intel fixe un prix très élevé. Après quelques mois, ses concurrents, AMD et Cyrix, arrivent sur le marché avec des processeurs comparables et Intel réduit ses prix (les divisant par deux ou plus)... et lance un nouveau modèle où il est à nouveau temporairement en position de monopole.

L'innovation étant source de rente, les concurrents vont tenter d'en avoir une part, en imitant le nouveau produit ou procédé. S'ils pouvaient le faire sans limite, la rente en serait dissipée puisque la concurrence parfaite serait rétablie. Par quels mécanismes l'innovateur peut-il prolonger sa position de monopole ? Le monopole peut avoir une source juridique. L'inventeur se voit délivrer un brevet, titre de propriété sur l'invention, qui soumet son usage par d'autres au contrôle de l'inventeur. Le monopole peut aussi provenir du secret tenu sur l'invention : dans le cas d'une innovation de procédé notamment, l'innovateur peut maintenir hors de portée de ses concurrents son nouveau dispositif, en rendant difficile la reproduction, voire l'identification même. Cela est plus difficile dans le cas de l'innovation de produit puisque les concurrents peuvent procéder au « démontage » de l'objet (*reverse engineering*) de façon à en analyser les caractéristiques. Les constructeurs automobiles, par exemple, ont un département dont c'est là la mission essentielle.

L'imitation peut aussi être rendue longue et coûteuse par la complexité du produit ou du procédé. C'est le cas notamment dans les industries d'assemblage, où chaque produit résulte de multiples opérations de fabrication et de montage de composants élémentaires. Localiser dans ce labyrinthe les singularités qui font la qualité ou le coût faible du produit est très difficile. La rentabilité de l'imitation peut être réduite par le fait que les produits changent rapidement — l'imitateur garde en permanence un certain retard sur l'innovateur qui poursuit son avancée — ou du fait de l'existence d'un *first mover advantage* (« avantage au premier entrant ») dû à des effets d'apprentissage dans la production (qui permet à l'innovateur de conserver un avantage permanent en termes de coût) ou à la création d'une image de marque auprès des consommateurs. Cela peut être un élément complémentaire dans la stratégie de l'innovateur que de faire savoir aux usagers qu'il est véritablement le « meilleur » (les entreprises pharmaceutiques dépensent plus en publicité qu'en recherche). Les enquêtes réalisées auprès des entreprises quant à l'efficacité relative des différents moyens de protection de leurs innovation [Levin *et al.*, 1987] classent en général en premier les délais d'imitation et la complexité des produits, suivis par le secret (pour les procédés) et le brevet (pour les produits). Quoi qu'il en soit, la rente est temporaire. Le brevet a une durée de vie limitée, le délai d'imitation a une durée finie, et l'innovation sera un jour concurrencée et dépassée par une innovation nouvelle.

L'innovation engendre des revenus, mais elle implique aussi des dépenses. C'est en comparant ces deux grandeurs, du moins les anticipations qu'elle en a, que l'entreprise choisit d'investir ou non en innovation. L'investissement en recherche, et plus largement en innovation, présente la particularité d'être un coût fixe, c'est-à-dire d'un montant indépendant de la quantité produite du bien. Le coût de la mise au point d'un bien nouveau ne dépend pas, au premier ordre, de la quantité qui en sera produite. La firme formule un projet, engage les ressources correspondantes, en chercheurs et en équipements : que son produit se vende bien ou non, elle aura dépensé un montant identique dans les deux cas. Cela distingue la recherche d'autres investissements, en capital physique notamment, qui doivent être proportionnels à la production. Pour doubler la production d'un bien physique quelconque, il faut, en première approximation, doubler les équipements et la main-d'œuvre utilisés. Il est cependant nécessaire de nuancer cette vision de la recherche. En effet, les ventes d'un bien dépendent du public qu'il atteint, lequel a des besoins variés. Pour satisfaire ces besoins, le produit doit être diversifié, et cela implique des coûts supplémentaires de différenciation. Un modèle d'automobile se vendra d'autant plus qu'il existe en de multiples versions (jusqu'à 300 000 ou plus si l'on combine toutes les options disponibles), dont chacune exige des innovations spécifiques. Il y aura donc, à l'arrivée, une certaine proportionnalité aussi entre les dépenses d'innovation et les ventes : mais il est vrai qu'elle est bien moins stricte que dans le cas d'autres intrants.

Puisque l'innovation a un coût fixe, la rente est non seulement une motivation de l'innovation, mais aussi une condition nécessaire. En effet, le prix d'équilibre d'un bien sur un marché parfaitement concurrentiel est égal à son coût marginal, lequel n'intègre pas par définition le coût fixe. Si le bien nouveau est vendu à ce prix, et s'il n'y a pas de déséconomies d'échelle dans la production proprement dite, alors l'entreprise innovante ne pourra être compensée pour ses dépenses d'innovation, elle vendra à perte. Aucune firme ne s'engagera dans l'innovation.

Les analyses économétriques de l'innovation au niveau des firmes ont connu une grande expansion à partir des années 1970. Elles parviennent pour la plupart à une estimation du taux de rendement de l'investissement en recherche dans la fourchette 10 %-30 % [Hall *et al.*, 2010]. Ce chiffre est très élevé comparé au rendement du capital physique, estimé en général à 10 %-15 %.

Opportunités technologiques

Le coût d'une innovation et sa taille, l'avancée qu'elle représente par rapport à la technologie existante dépendent largement du domaine technique dans lequel elle intervient. Certains secteurs, aujourd'hui l'Internet, à d'autres époques le moteur à combustion interne ou la machine à vapeur, sont caractérisés par un potentiel de progrès technique élevé. La « loi de Moore » reconnaît que le degré d'intégration des composants d'un microprocesseur double tous les dix-huit mois, et avec lui la vitesse de calcul des ordinateurs. Les investissements en recherche sont massifs dans ce secteur car les ingénieurs en savent la fertilité. Des investissements équivalents dans d'autres secteurs, tel l'habillement, ne produiraient pas des avancées technologiques équivalentes. L'expression « opportunité technologique » désigne la fertilité d'un domaine, l'intensité de sa réponse aux efforts de recherche. L'opportunité technologique affecte donc directement la productivité de l'activité de recherche. Elle est en général modélisée [Griliches, 1979], comme paramètre de productivité dans une fonction de production de la connaissance. Si la recherche est introduite directement comme intrant dans la fonction de production du bien, et dans le cas d'une innovation de procédé au moins, l'opportunité technologique peut être modélisée comme élasticité du coût de production du bien aux dépenses de recherche.

Les opportunités technologiques reposent bien sûr sur les lois de la nature, mais celle-ci ne les offre pas sur un plateau. Elles sont construites par les activités de recherche. Dans le cadre d'un modèle linéaire de l'innovation, qui voit la technologie comme une application de la science, un domaine où la recherche scientifique est plus active offrira une plus large palette d'opportunités technologiques. Le rôle de la science ici est de montrer les potentialités du domaine et de fournir les lois fondamentales qui le gouvernent. La science dit les directions praticables et celles qui ne le sont pas, économisant de multiples tâtonnements à l'innovateur.

Les opportunités technologiques peuvent aussi provenir d'autres innovations technologiques. Les historiens montrent l'étroite interdépendance des techniques, qui s'appellent et se fécondent mutuellement pour aboutir à des produits nouveaux. Il a fallu de multiples percées dans les domaines de la chimie, des matériaux et de la mécanique pour donner la machine à vapeur [Gille, 1978]. D'où la notion de « système (ou paradigme) technique », principe organisateur de l'univers des techniques, qui désigne le regroupement de celles-ci en des ensembles caractérisés par une étroite complémentarité interne.

La notion de système technique peut aussi être dynamisée : les systèmes techniques évoluent le long de « trajectoires technologiques » [Dosi, 1988]. L'avancée technique à un moment donné, son orientation comme son intensité, dépend de l'état présent de la technologie. La trajectoire suivie par l'électronique est caractérisée par la miniaturisation. Les ingénieurs travaillant dans ce domaine savent la ligne à suivre. Une notion proche est celle de « technologies génériques » [Bresnahan et Trajtenberg, 1995] : il s'agit d'innovations majeures, qui créent une filière technologique nouvelle. Une innovation mère donne lieu à de multiples innovations subséquentes, qui améliorent ses performances en retour, élargissent son champ d'utilisation. Ainsi, la machine à vapeur ou le transistor sont des innovations génériques, à l'origine de nouveaux systèmes techniques. Notion voisine encore, celle de « cycle de vie de la technologie » : une technique, après son invention, passe par un certain nombre de phases. Elle se développe d'abord rapidement, comme l'exploitation d'un territoire nouveau encore vierge, mais peu à peu les opportunités les plus accessibles ont été saisies, il ne reste que des filons secondaires, et le progrès de la technique se ralentit (loi des rendements décroissants). Une version plus sophistiquée [Utterbach, 1979] présente une courbe logistique, ou courbe en S : après l'invention, le progrès est d'abord lent (il faut le temps d'explorer le continent nouveau, d'en prendre la mesure), puis s'accélère lorsque les opportunités les plus grandes sont localisées et exploitées, et se ralentit ensuite lorsque le filon s'épuise.

L'opportunité technologique est difficilement mesurable. Jaffe [1986] utilise le nombre des brevets comme indicateur, les groupant en vingt « classes d'opportunité technologique ». D'autres critères ont été proposés, tels l'âge du secteur (un secteur jeune sera plus fertile) ou la fraction des dépenses de recherche allant à la recherche de base (proximité à la science).

La demande et les prix

La demande joue un rôle double, par son niveau et par sa structure. Son niveau, ou sa croissance, détermine l'incitation des firmes à investir dans les activités d'innovation. Puisque le coût total d'une innovation donnée est fixe — il ne dépend pas du volume des ventes —, le coût unitaire du bien décroît avec la quantité vendue, et donc le profit augmente. De même, lorsque l'innovation résulte directement de la production (*learning by doing*), la qualité ou l'efficacité croissent avec le volume de la demande. Fixité du coût et apprentissage par la pratique sont sources d'économies d'échelle. Les économies d'échelle attachées à l'innovation sont au cœur des modèles macroéconomiques de croissance (chapitre III).

La structure de la demande et l'élasticité-prix (changement dans la demande à la suite d'une variation de prix) affectent la profitabilité de l'innovation. Si l'élasticité-prix est élevée, une innovation de procédé (qui entraîne une diminution du prix) aura des effets majeurs sur les ventes de l'innovateur ; si elle est faible, une innovation de produit sera sans doute plus profitable, puisque les consommateurs accepteront de payer plus cher un produit de meilleure qualité. La fonction de demande influe également sur le choix entre différenciation horizontale et différenciation verticale. Sur certains marchés, les consommateurs préfèrent un bien de moindre qualité mais répondant mieux à leurs besoins spécifiques (différenciation horizontale, par exemple une voiture moins confortable mais d'une couleur précise), alors que sur d'autres marchés, au contraire, la qualité intrinsèque est primordiale (différenciation verticale, par exemple un micro-ordinateur tous usages).

Il y a eu un long débat parmi les économistes entre les partisans du *demand pull* et ceux du *technology push*. Les premiers voient dans les opportunités créées par le marché la source des innovations. C'est parce que les consommateurs demandent un vaccin contre l'arthrite que la firme Upjohn cherche, et trouve, une méthode de synthèse de la cortisone [Kamien et Schwartz, 1982]. Schmookler [1966] montre que les cycles de l'investissement aux États-Unis (reflétant la demande d'équipements) précèdent de plusieurs années les fluctuations du nombre des brevets (reflétant l'innovation). À l'inverse, la thèse du *technology push* soutient que les entreprises examinent en premier lieu l'état de la technologie, les possibilités de développement compte tenu de la connaissance scientifique disponible, et en déduisent les domaines de recherche les plus prometteurs, sur lesquels elles concentrent leurs efforts. L'avancée de la technologie est dans ce cas vue comme un processus autonome, qui procède d'une dynamique interne.

L'analyse empirique [Mowery et Rosenberg, 1979] fournit une image contrastée. Des cas peuvent être cités qui correspondent à l'une ou l'autre de ces configurations, sans qu'il y ait une règle générale. Il est cependant clair que ces deux déterminants, l'offre et la demande, ne sauraient être mis en opposition totale. Ils sont, selon l'expression de Marshall, comme les deux lames d'un ciseau — ils n'ont de signification économique que relativement l'un à l'autre. La demande peut être là sans que les possibilités de la technologie permettent de la satisfaire (voir la quête plus que centenaire pour un moyen de stockage efficace de l'électricité), et la technologie efficace peut ne pas intéresser le consommateur (voir la TV haute définition au début des années 1990). Il est vrai que les besoins perçus orientent certaines recherches et que l'exploration technologique en oriente d'autres : mais seuls les programmes qui sont à la fois demandés et faisables aboutissent à des innovations.

Incertitude : innovation et calcul économique

L'investissement en innovation est particulièrement risqué. Le coût est souvent incertain initialement — jusqu'où faudra-t-il pousser la recherche pour aboutir ? L'issue en est aléatoire — nombre de projets aboutissent à des échecs techniques. Les débouchés commerciaux sont difficiles à anticiper. Même une bonne connaissance du marché tel qu'il est à un instant donné ne permet pas de prévisions très fiables : comment les consommateurs réagiront-ils à la nouveauté ? La disponibilité de produits radicalement nouveaux modifie les préférences des consommateurs, de telle sorte que des prévisions de vente fondées sur les préférences présentes ne sont que de faible utilité. L'incertitude vient aussi des concurrents, qui réagiront à l'innovation en proposant eux-mêmes de nouveaux produits qui peuvent être préférés par les consommateurs. L'horizon temporel des projets de recherche est souvent long. Il faut dix ans en moyenne pour mettre sur le marché un médicament après que le principe actif en a été découvert : dans l'intervalle, beaucoup de choses peuvent se passer, tant du côté de l'environnement réglementaire (normes sanitaires par exemple) ou macroéconomique (taux de change et taux d'intérêt fluctuent et affectent directement les coûts et la rentabilité des marchés) que du côté des concurrents (qui mettront au point des innovations substituables) ou des consommateurs (dont les exigences peuvent changer).

Une étude de Mansfield *et al.* [1971] sur un ensemble de projets de recherche dans les industries électrique, pharmaceutique et chimique a montré que le taux de succès technique y était de 52 % à 68 %. Mais seuls 8 % à 29 % de ces projets avaient obtenu un succès commercial. La liste serait longue des innovations qui ont abouti à un échec, technologique ou économique. Les inventeurs des *Google glass* n'avaient pas bien anticipé la réticence des consommateurs, et surtout de leurs relations et interlocuteurs, devant le caractère potentiellement intrusif de tels instruments ; ils n'avaient pas non plus pleinement apprécié l'importance du design, de l'esthétique, dans le choix de lunettes. Dans tous les cas, ce sont des montants considérables qui sont dispersés sur la base d'anticipations qui étaient tout à fait légitimes lorsqu'elles ont été formulées.

L'incertitude concerne à des degrés divers toutes les formes d'investissement. En plus des facteurs liés à la demande et à la technologie présentés ci-dessus, deux caractéristiques font de la recherche une activité plus risquée que, notamment, l'investissement physique. D'abord, la structure des gains sur les marchés de produits innovants est particulièrement asymétrique, avec des gains élevés pour les élus et des pertes considérables pour les autres. À la limite, la concurrence par l'innovation peut être représentée comme un processus de type *winner takes all* (« le vainqueur gagne tout »), puisque l'innovateur gagne une position de monopole sur le marché. Dans ce cas, si plusieurs entreprises sont en compétition pour mettre sur le marché un produit nouveau, toutes sauf une (le vainqueur) auront réalisé un investissement au rendement brut nul (au rendement net de – 100 %). C'est sur cette idée qu'est assise la littérature sur les *patent races* (« courses au brevet », voir Tirole [1988] et Reinganum [1989]). Le modèle de base montre deux entreprises en concurrence pour trouver une innovation, le vainqueur étant le premier à trouver. La recherche s'apparente ici à une « chasse au trésor » dans laquelle le premier arrivé ne partage pas son gain.

Ensuite, l'investissement en recherche est largement irréversible, irrécouvrable (*sunk cost*). Lorsqu'une entreprise achète une machine ou construit un bâtiment qu'elle ne parvient pas à rentabiliser, elle peut en général les revendre (avec probablement quelque perte) sur le marché de l'occasion. En effet, les actifs physiques sont rarement spécifiques à un utilisateur, ils peuvent servir des utilisateurs différents sans perdre toute leur valeur. Il n'en est pas de même de la recherche. Le caractère spécifique des résultats intermédiaires d'un projet de recherche tient à la nature tacite, donc non transférable de façon immédiate, d'une part importante du savoir accumulé à ce stade (il faudrait alors transférer l'équipe, les équipements, etc., en plus des résultats codifiés). De plus, il est difficile pour l'acheteur potentiel d'évaluer la valeur d'un projet et pour le vendeur de donner toute l'information qui permettrait une telle évaluation (voir la fin de ce chapitre), ce qui rend généralement peu efficient le marché de la recherche.

L'approche néoclassique du risque consiste à postuler des anticipations rationnelles dans un environnement probabilisé. Le principe est que les agents utilisent efficacement toute l'information dont ils disposent à chaque instant pour former leurs anticipations. La méthode est identique dans le domaine de l'innovation à ce qu'elle est dans les autres domaines de la théorie économique (finance, choix d'investissement, par exemple). Puisque les firmes connaissent, au moins en probabilité, les caractéristiques de l'innovation recherchée (son coût, le bénéfice qu'elle engendrera), elles ne peuvent pas se tromper « en moyenne ». Cela permet de formaliser assez simplement des questions complexes concernant la stratégie des firmes, en se ramenant dans chaque cas à l'« équivalent certain » (l'espérance mathématique) du problème. Cette approche soulève de multiples questions. D'abord, le caractère probabilisable des problèmes liés à l'innovation est discutable. Par définition, en statistique on appelle « innovation » la différence entre l'espérance d'un processus et sa réalisation. Si l'acte même d'innovation transforme les caractéristiques du marché (le comportement des concurrents, la demande des consommateurs), n'est-ce pas exiger beaucoup de la part des agents que d'anticiper cela ? Que les agents fassent des efforts pour anticiper rationnellement est difficilement discutable. La représentation du risque par des lois de probabilité à la moyenne et aux moments d'ordre plus élevé connus des agents est sans doute trop exigeante dans de nombreux cas. L'innovation est par nature un saut dans l'inconnu : lorsque ce saut est mineur (par exemple, réduire de 5 % le niveau sonore dans l'habitacle d'un véhicule), les voies technologiques à suivre sont balisées, la situation des concurrents dans ce cadre est connue et la représentation sous forme de loi de probabilité est adéquate. Dans le cas d'innovations plus radicales, il n'en est évidemment pas de même. Comment probabiliser la recherche d'un vaccin contre le sida ?

Ensuite, même si l'on admet, avec les anticipations rationnelles, que, « en moyenne », les agents ne se trompent pas, il n'en reste pas moins que certains se trompent, que des projets échouent. Et, compte tenu du caractère largement irréversible des investissements en recherche, cela aura des effets également irréversibles sur certains agents qui se retrouvent à court de liquidité ou même de capital. Dans le processus concurrentiel, il y a des perdants, il y a des faillites, il y a donc des agents rationnés au prix courant. Le traitement accordé aux firmes en situation de faillite est une dimension de la réglementation publique particulièrement importante pour les activités d'innovation : selon le partage des coûts entre les différents types de débiteurs et de créanciers, l'entrepreneur est plus ou moins pénalisé.

Caractéristiques de l'entreprise innovante : organisation et taille

Pour transformer en innovations les opportunités nées de la technologie et de la demande, l'entreprise doit procéder à des investissements en recherche, en apprentissage, en innovation en général. L'efficacité de ces investissements est conditionnée par les caractéristiques de la firme, parmi lesquelles la littérature a identifié l'organisation interne et la taille comme étant les plus importantes.

La littérature économique a longtemps accepté le « modèle linéaire » initialement proposé par Schumpeter. Dans ce modèle, le processus d'innovation est amorcé par l'invention, puis va à la fabrication, puis le bien est vendu sur le marché. En d'autres termes, le laboratoire de recherche a la maîtrise de tous les aspects technologiques. Ce modèle a vraisemblablement été dominant, et est toujours prégnant, dans certains secteurs industriels et dans certains pays. Concorde est un exemple symbolique de cette attitude qui consiste à ignorer la nature de la demande ainsi que les coûts de fabrication et de fonctionnement, c'est-à-dire les contraintes économiques qui pèsent sur l'innovation. On parle souvent de la « culture d'ingénieur » qui dominait, ou domine encore, dans certains groupes industriels français, dans l'automobile par exemple, où les commerciaux ont beaucoup de mal à se faire entendre des ingénieurs de recherche. Cela dit, même à l'époque où ce modèle était invoqué dans la littérature, il était loin de s'appliquer universellement. Thomas Edison, inventeur par exemple de la lampe à incandescence, a fait montre dès les années 1870 de grands talents d'homme d'affaires en fondant la General Electric (qui est, un siècle après, l'une des plus grandes entreprises du monde par sa capitalisation boursière). L'industrie chimique allemande, qui a inventé le laboratoire de recherche industrielle à la même époque, lui a aussi dès les origines assigné des objectifs économiques et non purement technologiques.

Le « modèle de liaison en chaîne » ou « modèle interactif » (*chain-link model*, Kline et Rosenberg [1986]) propose une vision alternative, insistant sur les multiples « boucles de rétroaction » (*feed-back loops*) qui structurent le processus de l'innovation dans l'entreprise. Certes, la maîtrise de la technologie est assurée par le laboratoire de recherche, seul à avoir les compétences et les équipements pour cela. Cependant, les contraintes économiques sont prises en compte à chaque étape, par des interventions répétées des départements commerciaux et de fabrication. Les premiers, en liaison avec les clients et sur la base de leur connaissance du marché, orientent la recherche vers les niches où il semble y avoir le plus de profits. Le département de fabrication introduit dès la phase de conception l'objectif de réduire le coût de production. Celui-ci dépend en effet beaucoup des caractéristiques techniques du produit : le plan d'ensemble influe sur le coût de l'assemblage (particulièrement dans l'industrie automobile), le choix des matériaux est crucial. Il est souvent rentable de sacrifier un peu de la performance du produit pour en réduire le coût de fabrication.

Si ce modèle était déjà largement répandu de fait avant que la théorie ne s'en empare, il est clair cependant que les firmes réalisent maintenant des efforts plus systématiques qu'auparavant pour assurer que leur département de recherche soit bien aligné avec leur stratégie d'ensemble. Les outils de gestion interne destinés à évaluer les projets de recherche se sont multipliés à partir des années 1980, faisant référence notamment à la contribution de la recherche à la « chaîne de valeur » du produit. Avec la digitalisation des processus d'innovation, les entreprises disposent maintenant en interne d'une masse d'informations permettant des évaluations rigoureuses et couvrant toute la chaîne d'opération.

Pour la France, il a été montré que les entreprises qui adoptent une organisation innovante, qui permet une circulation fluide de l'information en interne et une grande ouverture sur les sources externes de compétence, ont des résultats en matière technologique meilleurs que les autres entreprises : l'efficacité de la recherche (effet des dépenses en recherche sur les ventes) y est plus élevée [Greenan et Guellec, 1994].

Taille des firmes et innovation

Le débat sur les relations entre taille des firmes et propension à innover peut être tracé jusqu'à Schumpeter [1942], qui affirme que les grandes firmes contribuent plus à l'innovation que les petites. Plusieurs arguments ont été apportés en faveur de cette thèse. L'imperfection des marchés des capitaux fait que les firmes doivent financer l'innovation largement sur leur revenu ou leurs fonds propres, lesquels sont plus élevés dans des firmes plus grandes. Celles-ci ont aussi plus facilement accès aux marchés des capitaux, du fait du moindre risque qu'elles présentent (si un projet échoue dans une grande firme, celle-ci n'en disparaît pas pour autant, ce qui pourra bien arriver à la petite firme qui gère un seul projet) ou de la réputation plus large de la grande entreprise. Un deuxième argument est qu'il y a dans la recherche des économies d'échelle. Un laboratoire plus grand est aussi plus productif, car il rassemble une plus grande diversité de talents, chaque scientifique bénéficiant de ses échanges avec les autres. Un troisième argument est que les résultats d'une recherche particulière sont fréquemment différents de ce qui était escompté : la grande firme, plus diversifiée, a aussi plus de facilités pour trouver des applications nouvelles à des découvertes inattendues. Un quatrième argument est que la grande firme dispose *a priori* d'un marché plus vaste (elle a déjà des réseaux de distribution, des clients fidèles), sur lequel elle peut amortir plus aisément les coûts fixes de la recherche.

Le principal argument allant en sens inverse, comme dans toute la littérature sur la taille de la firme [Coase, 1937] est celui de la bureaucratisation. Un laboratoire plus grand est aussi plus difficile à gérer (coût et délais dans la circulation de l'information), l'incitation de chaque chercheur, noyé dans la masse de ses collègues, est moindre que dans un petit laboratoire, où chacun sait que la survie de la firme est entre ses mains. La multiplication des couches hiérarchiques, qui va de pair avec la taille, réduit l'information qui arrive en haut et dilue les incitations en bas.

Une abondante littérature économétrique a traité de cette question depuis le début des années 1960 (voir les revues de littérature de Kamien et Schwartz [1982] et Symeonidis [1996]). Elle consiste essentiellement en des régressions d'un indicateur d'innovation sur un indicateur de taille des firmes. Elle n'a donné lieu à aucune conclusion ferme, dans un sens ou dans l'autre. Certains auteurs ont observé une augmentation de l'intensité en R&D avec la taille [Soete, 1979], d'autres ont vu une « courbe en U inversé » (les petites et les grandes entreprises sont moins innovantes que les moyennes). Scherer [1984] a observé une hétérogénéité entre les secteurs aux États-Unis : sur 196 secteurs industriels, 20,4 % avaient une relation positive, 8,2 % une relation négative, et pour les autres il n'y avait pas de relation significative.

À y regarder de plus près, la question posée est cependant moins claire qu'elle ne paraît de prime abord. Parmi les arguments cités précédemment, certains font référence à la taille de la firme (accès aux capitaux), tandis que d'autres font référence à la taille de ses activités de recherche (économies d'échelle). Certains font référence aux ressources investies en recherche, d'autres aux résultats obtenus. Les hypothèses testées sont donc en fait souvent différentes d'un auteur à l'autre. Une difficulté supplémentaire dans les tests statistiques est le caractère endogène de la taille : une entreprise innovante qui connaît le succès va en conséquence accroître sa taille. Or une estimation économétrique non biaisée des effets de la taille sur l'innovation exigerait que celle-ci n'exerce pas d'effet en retour sur celle-là. En l'absence d'un modèle simple de l'influence de l'innovation passée sur la taille présente, il est impossible de bien contrôler cet effet.

Deux résultats robustes émergent cependant de ces recherches. Le premier est l'existence d'un seuil de taille en deçà duquel les firmes ne font que rarement de la recherche. Cela pourrait être dû à un coût d'entrée dans les activités de recherche (en termes de compétences ou de fonds propres). Cela n'exclut évidemment pas l'existence d'une population de petites entreprises innovantes, mais elles sont une minorité parmi les petites entreprises. Le second résultat est la grande diversité des relations entre taille et innovation selon les industries. La correspondance entre taille et innovation est largement contingente au domaine d'activité de la firme.

Certaines industries, telle la chimie, présentent une domination écrasante et ancienne des grandes firmes, tandis que dans les biotechnologies, depuis plusieurs décennies, des entreprises de petite taille ont donné le ton. Des petites firmes innovantes croissent, jusqu'à devenir grandes, tandis que d'autres font faillite ou sont absorbées par des firmes plus grandes ou plus solides, ou que d'autres encore vivent dans la durée leur vie de petite firme. Beaucoup d'industries sont caractérisées par la coexistence en longue période de petites et de grandes firmes innovantes. Les grandes entreprises achètent des innovations produites par des petites, pour les intégrer dans des systèmes techniques plus vastes. Les petites firmes bénéficient de transferts de savoir de la part des grandes pour développer des segments spécifiques de technologie. Dans la longue période également, la population des petites entreprises connaît de profondes transformations, par les créations et les disparitions (du fait d'échecs, de fusions ou de rachat par les grandes). Les petites firmes jouent un rôle qui s'apparente à celui de « poisson pilote », identifiant des domaines de progrès qui sont ensuite exploités avec les ressources massives que seules de grandes firmes peuvent mobiliser.

Une question connexe est celle des rôles respectifs des petites et des grandes firmes, de leurs relations de concurrence/complémentarité, celle de leurs interactions dans le processus d'innovation. Il s'agit alors de comprendre la distribution par taille des firmes au sein de chaque secteur : plutôt qu'une taille optimale de la firme, c'est probablement une distribution efficiente des firmes par taille qui existe, contingente à des déterminants tels que le type d'opportunité technologique ou les conditions d'appropriation (cette idée est développée par Jewkes *et al.* [1969] sur la base de l'étude de soixante et un cas d'innovation). La distribution par taille traduit à un instant donné les avantages comparatifs de chaque type d'entreprise dans un contexte technologique et institutionnel donné.

La question est compliquée depuis les années 1970 par l'augmentation des coopérations en matière de recherche et par l'épanouissement des « districts industriels » (Italie du Nord dans les machines-outils, Silicon Valley dans les ordinateurs), dans lesquels des myriades de petites firmes interagissent de façon très dense, faisant circuler le savoir par le marché du travail (mobilité des personnels qualifiés), par des échanges directs et fréquents (proximité physique), par des infrastructures communes (université, centres de recherche). Ces modes d'organisation sont aussi appelés des « réseaux ». Ils correspondent à la recherche des gains que procure la taille sans les inconvénients qu'elle engendre. La base de savoir sur laquelle repose l'innovation est élargie sans réduire pour autant la flexibilité et les incitations. Ces réseaux ont donné naissance à l'« innovation ouverte », stratégie d'entreprise qui consiste à puiser dans le savoir d'autres acteurs, universités, clients, fournisseurs, producteurs complémentaires, afin d'élargir sa base d'innovation et d'accélérer ses réalisations [OCDE, 2008].

Financement de l'innovation

Comment les entreprises financent-elles leurs activités d'innovation ? Où trouvent-elles les capitaux, et sous quelle forme contractuelle (autofinancement, actions, obligations, crédit bancaire) les mobilisent-elles ? Ces questions, dans le cadre de la théorie orthodoxe de la finance, n'auraient pas de sens.

Celle-ci prévoit que toutes les formes de financement sont équivalentes, *sous l'hypothèse que les marchés des capitaux sont parfaits* (théorème de Modigliani-Miller). La levée de cette hypothèse donne tout son sens à la question. Les études empiriques montrent que les activités d'innovation ne sont pas financées par les mêmes méthodes que les autres formes d'investissement. Des instruments financiers spécifiques ont été développés, et l'aptitude des firmes à les manier conditionne leur accès aux capitaux.

L'innovation présente deux caractéristiques qui la distinguent, d'un point de vue économique, des autres formes d'investissement : un risque souvent plus élevé, d'une part, une information imparfaite, d'autre part. Le premier aspect a été considéré plus haut. Il a des implications directes sur le financement. En effet, en cas d'échec d'un projet, les investisseurs perdent souvent toute leur mise (si la recherche n'aboutit pas, alors elle n'engendre aucun revenu). En cas de succès, que gagnent-ils ? Cela dépend de la forme contractuelle de l'investissement. Dans le cas d'un emprunt bancaire ou d'une émission d'obligations, la rémunération des investisseurs est fixe, indépendante de l'ampleur du succès, et ne peut excéder de beaucoup le taux d'intérêt du marché. Il y a donc asymétrie face au risque : le prêteur a beaucoup à perdre et peu à gagner. On s'attend donc qu'un projet risqué ne soit en général pas financé par emprunt.

Pour le second aspect, il signifie que l'innovateur a souvent une information meilleure sur la valeur de son projet que les investisseurs potentiels extérieurs à l'entreprise. Comme le montre la théorie des contrats dans un cadre général, l'asymétrie informationnelle est source d'antisélection et de risque moral. Imaginons un inventeur qui a besoin de financement pour développer sa recherche. S'il s'adresse au marché, il doit le convaincre de la valeur de son projet. Il doit donc en divulguer le contenu, le rendre public. Faire cela alors que, par définition, une grande partie du travail reste à faire, c'est s'exposer à ce que les concurrents s'emparent de l'idée et la mettent en œuvre eux-mêmes. Il y a donc des limites étroites à l'information que l'inventeur peut divulguer : si étroites même qu'en général il ne pourra pas en dire suffisamment pour convaincre les investisseurs sans par là même en dire trop pour conserver l'exclusivité de son projet. On attend donc qu'un projet innovant ne soit pas, généralement, financé par le marché, y compris le marché des actions.

L'asymétrie informationnelle concerne aussi la conduite du projet lui-même. Nombre de projets d'innovation échouent, sans qu'il puisse être assuré que cela est dû à l'inventeur, qui n'a pas fait « tout son possible », ou simplement à la « malchance » (événements imprévisibles). Dans ces conditions, le financeur extérieur exigera que l'inventeur ait beaucoup à perdre en cas d'échec, de telle façon qu'il fera tout son possible malgré l'impossibilité d'un contrôle externe.

Récapitulons : ni les banques, ni les marchés obligataires, ni les marchés d'actions ne sont favorables au financement de l'innovation. Que reste-t-il ? Il reste deux possibilités : l'autofinancement et la constitution d'institutions particulières pour le financement de l'innovation. Les études empiriques convergent pour montrer que les dépenses de recherche sont largement autofinancées. Ainsi, Himmelberg et Petersen [1994] montrent que l'investissement en recherche des firmes, aux États-Unis, est lié positivement à leur *cash-flow* (« disponibilités financières ») passé. Cela est fréquemment utilisé comme argument pour soutenir que les petites firmes sont désavantagées par rapport aux grandes dans l'innovation, du fait de leur moindre revenu interne (*success breeds success*).

La seconde voie est celle du capital-risque et des marchés financiers spécialisés. Le capital-risque est un type de contrat particulier pour les investissements risqués, en innovation technologique notamment, qui va de pair avec des intermédiaires financiers spécialisés (les « capital-risqueurs »). Il a été inventé au MIT, aux États-Unis, dans l'immédiat après-guerre [Rabeharisoa, 1996]. Ses clauses essentielles sont les suivantes. L'innovateur participe avec ses propres fonds à l'entreprise ; le reste du capital est fourni par un fonds spécial alimenté par des investisseurs extérieurs et géré par le capital-risqueur. Les investisseurs (des banques, des fonds de pension, des grandes entreprises ou des particuliers) sont liés entre eux par des clauses multiples, telles la durée de vie limitée du fonds (cinq à dix ans), qui est fixée à l'ouverture, ou l'impossibilité de sortir du fonds sans l'assentiment de tous les autres partenaires. L'objectif de ces clauses est d'éviter les comportements stratégiques d'investisseurs qui auraient accès à une meilleure information que les autres membres du fonds et tenteraient de l'exploiter aux dépens de ceux-ci. Le capital-risqueur lui-même met son propre argent dans le projet. Il est rémunéré par les plus-values éventuelles sur son capital investi, plus une commission prélevée sur le fonds. Il exerce des tâches multiples et complexes, qui expliquent le niveau habituellement élevé de sa rémunération. Il détecte et sélectionne les projets à fort potentiel parmi les propositions qu'il reçoit ou qu'il suscite en prospectant les milieux de la recherche. Il aide ces projets à mûrir, par son propre réseau de relations et sa connaissance de la technique et du marché. Il assiste l'innovateur dans la constitution et la gestion de sa firme. Le dynamisme et la flexibilité de cette forme contractuelle, sa capacité à mobiliser et à canaliser les capitaux et énergies entrepreneuriales en ont fait le levier de l'expansion de la Silicon Valley dans l'informatique, les logiciels et les biotechnologies. Le capital-risque a démarré plus tardivement en Europe (sauf au Royaume-Uni), il y a pris une ampleur croissante à partir du milieu des années 1990 mais demeure très petit comparé à celui des États-Unis.

L'institution complémentaire du capital-risque est un marché des capitaux spécialisé dans les petites firmes à forte croissance. C'est le Nasdaq (National Association of Securities Dealers Automated Quotation) aux États-Unis, copié ensuite dans plusieurs pays européens (le Second Marché en France). Par rapport à un marché classique, il se distingue par des critères d'éligibilité de l'entreprise moins exigeants. Les critères qui s'appliquent aux marchés boursiers traditionnels, en termes de taille minimale, de nombre minimal d'exercices bénéficiaires consécutifs, de divulgation d'information comptable, sont très assouplis sur un tel marché, ouvrant ainsi l'accès aux entreprises qui sont tout juste « délivrées » par le capital-risque. Un tel marché est complémentaire au capital-risque, permettant aux investisseurs de l'amont de liquider leurs participations de façon plus aisée lorsque l'entreprise qu'ils ont financée est mise sur le marché.

Structure de marché et innovation

Il est de tradition, à la suite des thèses de Schumpeter, de mettre en opposition efficacité statique et efficacité dynamique des structures de marché. L'efficacité statique requiert un marché parfaitement concurrentiel : le prix égale le coût marginal, toute rente est exclue. Dans le cas de la concurrence imparfaite, au contraire, le prix de marché est plus élevé et la quantité échangée à ce prix d'équilibre est moindre. Mais si la concurrence est parfaite, l'innovateur ne pourra recouvrer ses coûts. La concurrence parfaite est efficace d'un point de vue statique, mais le monopole est efficace d'un point de vue dynamique, récompensant l'innovation et permettant son financement.

L'innovation est-elle plutôt favorisée par la concurrence ou par le monopole ? Le débat continu qui s'est déroulé depuis la publication de cette thèse à la fin des années 1930, avec une abondance de travaux théoriques et empiriques, a permis d'éclaircir les questions et les réponses, sans qu'il en émerge pourtant un consensus. L'importance donnée à ce problème par les économistes provient largement de son importance politique : les autorités publiques veillent à la concurrence sur les marchés au nom de la défense des consommateurs et de l'intérêt de la société. Sur nombre de marchés, notamment de produits innovants, émergent des structures oligopolistiques ou même monopolistiques. Quelle attitude doivent alors adopter les autorités ? Les exemples d'IBM dans les années 1970, de Microsoft dans les années 1990 et de Google après 2010 en montrent les enjeux. D'un côté, les concurrents potentiels ou malchanceux et des consommateurs organisés se plaignent d'être exploités par un monopole qui assoit sur eux sa rentabilité. De l'autre côté, la firme attaquée montre toutes les innovations qu'elle a produites, dont sa position monopolistique est le résultat (juste récompense) et qui ne peuvent se poursuivre que si elle est laissée à l'abri des interférences administratives.

Dans la formulation de Schumpeter, structure de marché et taille des firmes sont confondues : la grande entreprise est assimilée au monopole, la petite entreprise est assimilée à la concurrence. La littérature s'attache maintenant à distinguer ces deux questions. Une grande firme peut être soumise à une concurrence intense (Airbus et Boeing), alors qu'une petite firme peut être monopolistique sur une niche étroite. Cette distinction a cependant des limites. D'une part, la plupart des arguments théoriques invoqués dans les deux débats sont identiques. D'autre part, comme le montre l'économie industrielle [Dasgupta et Stiglitz, 1980], si la taille procure un avantage, alors l'entreprise la plus grande va avaler ses concurrentes ou les exclure du marché, ce qui conduit dans les deux cas à une situation de monopole.

Quels sont les arguments en faveur de la thèse schumpeterienne ? Un premier argument concerne la capacité à approprier les bénéfices engendrés par l'innovation. L'imitation est le fait de concurrents. Lorsqu'une entreprise n'a pas de concurrent puissant, il y a peu de risques pour que les avancées technologiques qu'elle réalise soient reprises par d'autres (ou alors ce sera dans des secteurs d'activité différents). Un second argument concerne l'incitation à innover et la capacité à financer l'innovation. Une entreprise soumise à faible concurrence a un pouvoir de marché plus grand, qui se traduit par une marge bénéficiaire plus élevée. Puisque la recherche est pour l'essentiel financée par les firmes sur leurs ressources propres, le monopole aura ainsi plus de facilité à mettre en œuvre ses projets.

À l'inverse, la concurrence permet de discipliner les firmes : celles qui n'innovent pas, ou qui le font de façon inadéquate, sont sous la menace d'une innovation produite par une firme concurrente qui viendra réduire leurs revenus. La concurrence maintient une pression sur les prix des produits nouveaux, qui favorise leur diffusion et agrandit le marché. La concurrence favorise aussi une plus grande diversité des approches technologiques. Si la voie suivie par une firme conduit à une impasse, il est possible que la voie alternative suivie par une concurrente soit plus fertile. Cet argument de « diversité écologique » est particulièrement important du fait des économies d'échelle dans la recherche qui tendent à réduire la diversité des approches. C'est par exemple le nouvel entrant Apple qui a inventé le micro-ordinateur que rejetait IBM, lequel restait attaché aux gros systèmes.

La littérature a aussi analysé les conditions de la concurrence entre le monopole, titulaire d'un marché, et les entrants potentiels (« contestabilité des marchés »). Les questions posées sont de savoir lequel, entre le titulaire et les candidats à l'entrée, sera le plus incité à innover, et quel est le rendement social résultant de ce type de concurrence. Deux effets de sens contraire déterminent le comportement des firmes :

— l'« effet d'efficience » ; le monopole, s'il innove, restera monopole, tandis que l'entrant, s'il innove, sera vraisemblablement en concurrence avec le monopole en place si la technologie actuelle de celui-ci (sans innovation) n'est pas trop inférieure à la technologie nouvelle. Ainsi, le monopole gagne plus que l'entrant (qui sera au mieux en duopole) à innover ;

— l'« effet de remplacement » [Arrow, 1962] ; le monopole, s'il innove, ne gagne rien « en plus » de ce qu'il a déjà (il reste monopole, simplement), alors que l'entrant passe d'un bénéfice nul s'il n'innove pas (puisqu'il n'est pas présent sur le marché) à un bénéfice positif s'il innove.

Lequel de ces deux effets domine dépend de l'ampleur de l'innovation. Dans le cas d'une innovation drastique, qui mettra son détenteur en position de monopole, le second effet domine, l'entrant est plus innovateur. Inversement, dans le cas d'innovations incrémentales, le premier effet domine, le profit n'est pas suffisant pour motiver un entrant. Cependant, dans tous ces cas il est clair que le monopole menacé par des entrants potentiels innove plus que le monopole non menacé. Celui-ci n'aura en effet que peu d'incitation à encourir des dépenses qui ne renforceront pas son pouvoir de marché et donc son bénéfice.

La question des relations entre structure de marché et innovation peut être posée aussi d'un point de vue dynamique. Dans la soutenabilité du monopole, une considération importante est que la firme titulaire peut bénéficier d'un avantage sur la courbe d'apprentissage, de telle sorte que le coût de la recherche est moins élevé pour elle que pour ses concurrents potentiels. Ainsi, dans les technologies en évolution plus lente et continue, le marché sera probablement plus monopolistique, alors que dans les technologies à sauts drastiques il y a toutes les chances pour que la concurrence, au moins potentielle, prévale. Chaque saut induit une redistribution des cartes avant que le jeu se stabilise à nouveau. Il a été montré que, dans l'industrie des mémoires d'ordinateur (RAM), la liste des entreprises présentes sur le marché est inchangée au sein de chaque génération. En revanche, d'une génération de mémoires à la suivante (trois ans en moyenne), la hiérarchie concurrentielle peut changer du tout au tout [Irwin et Klenow, 1994]. Une vision plus nuancée, moins linéaire de la relation entre concurrence et innovation a été proposée par Aghion *et al.* [2015]. Dans ce modèle, l'entreprise décide d'innover ou non sur la base de la comparaison de son profit (rente) si elle innove et si elle n'innove pas. La concurrence érode les rentes liées à l'innovation. Il existe deux types de secteurs. Le premier type est caractérisé par une concurrence « au coude à coude » entre firmes proches de la frontière technologique. Le second type, « schumpétérien », est caractérisé par un nombre restreint d'entreprises contrôlant le marché, les autres entreprises étant loin derrière ou même temporairement absentes. La motivation pour innover pour une entreprise appartenant au premier type de secteur est d'échapper à la concurrence : plus de concurrence *ex ante* signifie une moindre rente, que l'entreprise peut accroître *ex post* seulement si elle a innové plus que ses concurrentes.

L'incitation à innover dans ce premier type de secteur croît donc avec le degré de concurrence (qui réduit les rentes *ex ante*). Dans le second type de secteur, l'incitation à innover décroît avec le degré de concurrence. Finalement, au niveau de l'économie totale, un accroissement du degré de concurrence tend à renforcer l'écart entre les entreprises qui ont innové et celles qui n'ont pas innové. La logique des secteurs coude à coude prévaut donc aux faibles degrés de concurrence, celle des secteurs schumpétériens prévaut aux degrés de concurrence élevés : d'où une courbe en « U inversé » de la relation entre concurrence et innovation, qui est d'abord croissante, qui atteint son maximum pour un niveau de concurrence intermédiaire, puis qui est décroissante au-delà. Aghion *et al.* [2005] ont testé empiriquement cette relation sur des données du Royaume-Uni : les estimations économétriques confirment le modèle.

L'entrepreneuriat innovant

Schumpeter avait identifié en 1911 [*Théorie de l'évolution économique*] l'entrepreneur comme la figure centrale de l'innovation dans l'économie capitaliste : un individu qui transforme une invention en un produit source de valeur, créant pour cela une entreprise nouvelle. Dans son œuvre de 1942 [*Capitalisme, socialisme et démocratie*], Schumpeter met l'accent à l'inverse sur le rôle de la grande firme, seule à même d'exploiter les économies d'échelle associées à l'innovation. Ce changement radical de point de vue entre les deux dates reflète pour beaucoup un changement dans la réalité économique, les entrepreneurs de la seconde révolution industrielle (Thomas Edison, Henry Ford) ayant donné naissance à des entreprises géantes, fruits de la réussite de leur entrepreneuriat.

Le rôle de l'entrepreneur, selon les mots de Schumpeter, est de « combiner les ressources nécessaires à la création et la croissance d'une entreprise ». La plus importante de ces ressources dans nombre de cas est l'innovation, ou au moins des idées qui pourront être développées pour en faire une innovation. L'entrepreneuriat agit donc comme un véhicule des idées nouvelles vers le marché, d'où son importance économique. Quelle est la spécificité de l'entrepreneuriat par rapport à l'alternative, qui est le développement d'une innovation dans une grande entreprise ? L'argument précédent de Arrow nous donne la réponse. La décision d'innover ou non pour une entreprise est prise en comparant les profits avec et sans innovation. L'entreprise nouvelle a d'autant plus à gagner à réaliser l'innovation que celle-ci est radicale, au sens où elle peut ainsi s'emparer de tout le marché. Ceci arrive lorsque le produit nouveau est différent de celui en place, par exemple le *smartphone* remplaçant le téléphone mobile, et Apple renversant Nokia par la même occasion. L'entreprise en place a une moindre incitation à développer le produit radicalement nouveau car celui-ci va cannibaliser le produit en place, sur lequel est fondée sa rente actuelle, alors que l'entrepreneur (ou une entreprise provenant d'une autre industrie) n'a rien à perdre dans ce grand remplacement. On peut, de plus, penser que le développement du produit radicalement nouveau exige souvent une approche radicalement nouvelle, une culture d'entreprise nouvelle, qui est plus aisément portée par des entreprises nouvelles. Les vagues successives d'innovations dans les TIC ont été portées par des vagues successives d'entreprises nouvelles : IBM symbolisait les grands ordinateurs, Microsoft symbolise le PC, Google l'Internet, Facebook les réseaux sociaux... Il est donc naturel que les gouvernements nationaux souhaitent voir plus d'entreprises nouvelles se créer et croître dans leur pays, car elles sont porteuses de création de valeur et d'emplois.

Le marché et au-delà

La coordination par le marché en matière d'innovation est depuis longtemps reconnue comme inefficiente par les économistes, dans la mesure où elle ne conduit pas à un optimum de premier rang. C'est donc une tâche importante pour l'économie de l'innovation que d'analyser l'ampleur, les sources et les conséquences de cette inefficience, et de déterminer éventuellement les moyens d'y remédier.

L'inefficience du marché est associée à la présence d'externalités. On définit les externalités comme des interactions entre les agents qui ne sont pas reflétées dans les prix. Dans le cas le plus étudié, celui de l'environnement, les externalités sont négatives : le producteur de nuisances affecte négativement l'utilité des consommateurs sans les compenser monétairement (il n'y a pas de prix associé à la pollution). Dans le cas de la technologie, l'on attend plutôt des externalités positives. La première et principale forme d'externalités associée à la technologie est les « externalités de savoir », ou externalités informationnelles [Arrow, 1962]. Elles désignent le fait que le savoir produit par l'innovateur bénéficie à d'autres agents sans compensation, monétaire ou autre, de leur part.

La connaissance est un « bien public », au sens économique [Romer, 1990], caractérisé par deux traits. En premier lieu, la connaissance est *non rivale*, en ce sens qu'une même connaissance peut être utilisée un nombre quelconque de fois, par un nombre quelconque d'agents, et cela simultanément et sans se détériorer. Si l'on ne peut manger la même pomme deux fois, l'on peut en revanche mettre en œuvre la même invention autant de fois que l'on veut. De plus, la circulation de l'information se fait à un coût direct (coût de la transmission) nul ou presque. La conséquence directe de cette propriété, en termes économiques, est que le coût marginal de l'utilisation d'une connaissance est nul. Une fois qu'une invention a été réalisée (ce qui entraîne, on l'a vu, un coût fixe), le coût de sa reproduction est nul. Cela constitue une forte incitation à l'imitation. En effet, l'imitateur, contrairement à l'inventeur initial, n'encourt que le coût de production directe du bien, et non le coût de l'invention.

En second lieu, la connaissance est un bien *partiellement exclusif*. Cela signifie que le propriétaire ne peut que partiellement en contrôler l'usage par d'autres agents. Si cette utilisation est visible, par exemple l'invention est reprise par un concurrent et mise telle quelle sur le marché, l'imitation sera alors détectée et pourra être sanctionnée. Cependant, l'invention peut aussi être utilisée dans le laboratoire des concurrents, comme connaissance de base pour d'autres découvertes, et cela est plus difficilement détectable. Une découverte peut également porter de l'information au-delà de son contenu : son existence même peut signaler la fertilité d'une voie de recherche que chacun croyait jusqu'alors stérile. Le contrôle de cette information indirecte par l'inventeur est encore plus difficile. En conséquence, l'inventeur ne peut, en général, s'assurer le monopole de l'usage d'une connaissance, et donc s'approprier toute sa valeur. Cela distingue la connaissance comme bien économique de la plupart des autres biens, les biens matériels notamment : il est impossible d'utiliser un bien physique, une machine par exemple, en dehors du contrôle de son propriétaire légal.

Puisque la valeur de l'invention ne peut être captée entièrement par l'inventeur, qu'elle ne se reflète donc pas intégralement dans le prix du bien, on a là un cas d'externalité positive. Les inventions des uns bénéficient pour partie gratuitement à d'autres. Le rendement social de l'invention dépasse son rendement privé (pour l'inventeur). Plus généralement, le rendement social se répartit entre trois catégories d'agents : l'inventeur, ses concurrents et les consommateurs. Les études économétriques conduisent à une estimation du rendement social à environ le double du rendement privé (voir Hall *et al.* [2010] et l'encadré p. 20) : autrement dit, l'inventeur s'approprie en moyenne la moitié de la valeur de son invention.

L'existence d'externalités peut être considérée de deux points de vue. D'un côté, c'est une bonne nouvelle pour la société dans son ensemble, puisqu'elle bénéficie d'un actif gratuit ou sous-rémunéré, la technologie. D'un autre côté, c'est une mauvaise nouvelle pour les inventeurs, qui ne peuvent s'approprier tous les bénéfices de leur travail. Cependant, même pour la société, ce n'est peut-être pas une aussi bonne nouvelle. En effet, puisque le rendement privé est plus faible que le rendement social, l'investissement en activités innovantes effectué selon les signaux du marché sera inférieur à son montant désirable socialement. Les firmes sous-investissent en recherche, délivrant un progrès technique moindre que celui qui serait atteint si la société décidait des investissements en la matière.

Assurer l'appropriation des bénéfices issus des connaissances

Il existe bien sûr des moyens pour réduire cet écart. D'abord, l'inventeur peut tenter de conserver secrète sa découverte (c'est plus aisément réalisable dans le cas des innovations de procédé, qui ne sont pas directement visibles sur le marché). Des institutions ont été construites, en premier lieu le brevet, pour assurer à l'inventeur un plus grand contrôle sur ses découvertes [Guellec et Van Pottelsberghe, 2007]. Le brevet est un titre de propriété, qui procure à son titulaire un monopole légal sur l'usage d'une invention. Ayant le monopole, le titulaire peut en tirer un revenu : en exploitant lui-même l'invention (à l'exclusion de ses concurrents), en la vendant ou en accordant des licences (concession d'un droit d'usage en contrepartie d'une rémunération). Le brevet est accordé cependant pour une durée limitée (vingt ans depuis peu dans tous les pays) et en contrepartie de la divulgation de la découverte. Le brevet contient en effet la description complète de l'invention qu'il couvre, de telle façon qu'elle puisse être utilisée par d'autres en vue de faire progresser la connaissance : d'un point de vue social, le brevet est ainsi préférable au secret.

Le brevet ne conduit cependant pas à un optimum social de premier rang. En effet, l'intérêt de la société, une fois la découverte effectuée, est que celle-ci soit utilisée de la façon la plus large, diffusée sans restriction. À l'opposé, le brevet induit le monopole, donc une restriction à la concurrence, donc une distorsion du système des prix au détriment des consommateurs. Un optimum social de premier rang exigerait que les biens soient vendus à leur coût marginal, ce qui est clairement impossible lorsqu'il y a un coût fixe qui doit être supporté par la firme et s'il n'y a pas de déséconomies d'échelle dans la production. D'autres dispositifs existent ou ont été imaginés par les théoriciens pour pallier ce problème. L'idée générale est que, dans le cas d'un bien public, la propriété doit en être également publique. L'État devrait donc produire lui-même, ou acheter les inventions et les rendre disponibles gratuitement à tous les agents qui le désirent. Il existe effectivement un système de recherche publique, qui permet un accès aux connaissances qu'il produit de façon généralement plus aisée que ne le font les firmes (chapitre V). Il y a aussi des exemples dans lesquels l'État s'est porté acquéreur d'une invention et l'a mise dans le domaine public (par exemple, le gouvernement français a acheté en 1839 le brevet couvrant le daguerréotype et l'a mis dans le domaine public). Il existe cependant des raisons fortes pour qu'un tel dispositif soit difficilement généralisable, par exemple la difficulté qu'il y a à fixer le « vrai prix » (celui qui reflète la valeur sociale) de l'invention.

Il faut aussi nuancer le jugement quant au caractère de bien public de la connaissance, et donc les problèmes d'appropriation qu'elle pose [Cohendet *et al.*, 1998]. Il n'est pas suffisant de lire le texte d'un brevet pour être en mesure de mettre en œuvre immédiatement l'invention qu'il décrit. D'une part, la totalité de l'invention n'y est pas exposée : les aspects tacites en particulier, ceux qui tiennent au savoir-faire de l'inventeur, n'y sont pas. D'autre part, et cela est lié, utiliser le savoir des autres requiert de posséder soi-même un grand savoir (et aussi souvent d'autres actifs complémentaires, tels les équipements). Il a été montré [Cohen et Levinthal, 1989] que les firmes qui recourent le plus aux découvertes des autres sont aussi celles qui réalisent elles-mêmes le plus de recherche.

D'autres sources d'imperfection des marchés

Le premier type d'externalités provient des conditions de circulation de l'information. Il existe un second type d'externalités dans le domaine de la technologie, les « externalités pécuniaires » [Griliches, 1979], *qui passent par le système des prix*. Elles interviennent lorsque l'inventeur n'est pas en mesure de faire payer à l'acheteur toute la valeur qu'apporte l'innovation à celui-ci. Dans ce cas, une partie de la valeur de l'innovation est captée par les consommateurs. Par exemple, dans le cas des ordinateurs, l'augmentation permanente du rapport qualité/prix signifie que les firmes qui achètent ces matériels peuvent augmenter leur productivité du fait non pas de leurs efforts propres, mais des efforts de leurs fournisseurs en équipements informatiques. Il y a transfert de valeur entre firmes, entre secteurs, passant par le système des prix. Ce transfert est d'autant plus élevé que la concurrence entre les innovateurs est grande, les conduisant à réduire leur prix de vente. Il y a là aussi une contradiction entre l'intérêt de la société à une diffusion plus grande des innovations (qui exige que leur prix soit bas) et celui des innovateurs à extraire une rente de leurs clients. À nouveau, cette contradiction peut être seulement d'apparence : car la rente est aussi l'incitation à innover, et son niveau élevé peut conduire à une intensité plus grande d'innovation, qui bénéficie par conséquent à la société.

En plus de ces deux types d'externalités positives, la technologie est également source d'une forme d'externalité négative, à travers la destruction créatrice. Le bien nouveau, en s'emparant du marché, réduit la valeur des biens qu'il remplace, qui sont les innovations d'hier. Les firmes qui portent ces biens défaits encourent des pertes (dévalorisation de capital), ainsi que les salariés dont les qualifications sont attachées à la production de ces biens. Les pertes de ces agents ne sont pas prises en compte par l'innovateur, qui ne voit que son gain privé. Il y a donc externalité négative. Le gain net de la société (en écartant les externalités positives) est la différence entre le gain de l'innovateur et la perte de ses concurrents, qui est évidemment inférieur au gain brut de l'innovateur.

L'État peut dans ce cas dédommager les perdants sous certaines conditions. C'est le fondement des politiques de défense des activités traditionnelles, telles l'agriculture, la sidérurgie ou la construction navale. Un usage systématique de telles politiques conduit cependant à des résultats opposés aux

Approche néoclassique et approche évolutionniste

L'approche néoclassique de l'innovation [Kamien et Schwartz, 1982] retient les hypothèses habituelles de l'économie néoclassique. Les agents sont rationnels (ils choisissent selon un calcul d'optimisation en mobilisant toute l'information disponible), le risque est probabilisable, et les agents se coordonnent sur un équilibre. Cette approche se distribue en deux branches : les modèles fondés sur la théorie de la décision considèrent un agent opérant dans des conditions fixées, et les modèles issus de la théorie des jeux considèrent les interactions stratégiques entre les agents (par exemple dans les courses au brevet). C'est la force de l'approche néoclassique que, partant d'hypothèses clairement spécifiées, elle aboutit à des conclusions également rigoureuses (même si l'interprétation en termes économiques des hypothèses comme des conclusions est parfois problématique). Elle permet en effet l'utilisation d'une instrumentation mathématique puissante.

Parmi les critiques adressées à cette approche, il en est une qui mérite une attention particulière dans le domaine de l'innovation, c'est le recours à la méthode de l'équilibre. Par définition, un équilibre est une situation dans laquelle aucun agent ne peut améliorer sa situation, compte tenu des choix des autres agents. Certains auteurs [Schumpeter, 1942] soutiennent que le processus d'innovation est par définition la source de déséquilibres sur les marchés en même temps que la réponse à ces déséquilibres. C'est parce qu'ils entrevoient des profits potentiels (forcément engendrés par un déséquilibre) que des agents choisissent d'innover, créant par là même des déséquilibres supplémentaires. De plus, la réalisation d'un équilibre particulier dans un contexte d'interactions stratégiques suppose que les agents connaissent cet équilibre et sachent que les autres le connaissent, etc. (*common knowledge*). L'exigence informationnelle d'une telle hypothèse est évidemment excessive, ce

objectifs publics d'encouragement à l'innovation sans résoudre durablement les questions relatives à l'équité qui justifient leur mise en place (le déclin est ralenti temporairement).

Une dernière source d'imperfection du marché comme régulateur du changement technique est l'asymétrie informationnelle inhérente à la connaissance [Arrow, 1962]. Le principe est qu'un acheteur potentiel peut difficilement estimer la valeur d'une invention sans connaître le contenu même de l'invention : mais une fois qu'il le connaît, il n'a plus de raison de payer pour y avoir accès car le bien est non rival. Un marché de la technologie requiert des vendeurs protégés et des acheteurs informés. En exposant son invention à l'acheteur potentiel, le vendeur prend le risque de s'en voir déposséder. Cela est d'autant plus vrai que les droits de propriété sont imparfaits.

qui limite la portée des résultats reposant sur elle.

L'approche évolutionniste moderne [Nelson et Winter, 1982] est apparue à la fin des années 1970, mais elle poursuit une longue tradition dans la pensée économique qui trouve ses racines notamment dans l'école autrichienne : Frederich Hayek, Ludwig von Mises, Joseph Schumpeter. Elle se pose comme alternative à l'approche néoclassique, notamment pour l'analyse du changement technique. Les agents de la théorie évolutionniste, essentiellement les firmes, sont dotés d'une rationalité limitée. Ils n'explorent donc pas l'ensemble de l'espace des choix comme dans le modèle néoclassique, mais une partie seulement. Leur processus d'exploration (ou de recherche) obéit à des « routines », c'est-à-dire des procédures prédéterminées et répétées. Plutôt que des optimisateurs, ils sont des « satisfacteurs » : ils sont satisfaits par un choix leur procurant un certain niveau, prédéterminé, de profit. Ainsi, les choix de tels agents ne sont pas limités par les opportunités offertes par l'environnement, mais plutôt par leur capacité à identifier ces opportunités à l'aide de leurs routines. En ce sens, ils s'apparentent à des automates plus qu'à des agents au sens néoclassique. L'économie est représentée par un ensemble de firmes en concurrence proposant sur le marché des innovations. Le marché en accepte certaines et rejettent les autres. Les modèles évolutionnistes admettent une diversité des niveaux de performance entre les firmes, ce qui est en général exclu par les modèles néoclassiques et pourtant corroboré par les études empiriques. Le processus de sélection aboutit à conserver certaines innovations, comme la sélection naturelle accepte certaines mutations génétiques : d'où la dénomination d'« évolutionniste » que cette approche s'est donnée. Celle-ci se distingue aussi par un recours fréquent à des simulations pour résoudre numériquement des modèles non solubles analytiquement. Cela permet de proposer des ensembles d'hypothèses plus riches que ne le font les modèles néoclassiques, mais dans le même temps obscurcit la relation entre hypothèses et conclusions.

Ce n'est pas là un cas d'école. Il existe à San Francisco une firme indépendante, Business Marketing Group, spécialisée dans l'intermédiation entre les inventeurs de la Silicon Valley et Microsoft (*The Economist*, 31 janvier 1998). Ce dernier a en effet acquis la réputation de respecter de façon assez limitée les intérêts des inventeurs qui viennent lui proposer leurs idées. Cette asymétrie informationnelle est donc un obstacle important à l'établissement d'un marché de la technologie. Elle est de plus un obstacle à l'allocation de capitaux à l'innovation. L'inventeur impécunieux, par exemple une petite entreprise, doit pour financer sa recherche faire appel à des investisseurs externes. Il doit pour cela les convaincre de la valeur de son projet. Il est confronté au dilemme d'en dire beaucoup, au risque de se voir voler son idée, ou d'en dire peu, au risque de ne pas convaincre l'investisseur.

Le marché concurrentiel n'est sans doute pas efficient pour réguler le changement technique. Mais cela importe-t-il ? Est-ce le marché qui dans la réalité coordonne les agents dans leurs activités d'invention ? Certaines formes d'externalités, notamment les externalités de connaissance, peuvent être, et dans la réalité sont, réduites par des arrangements institutionnels que les firmes mettent elles-mêmes en place. Le marché « réellement existant » est moins pur que celui de la théorie et cela parce que les participants le souhaitent ainsi. La production et la circulation de la connaissance sont souvent effectuées dans le cadre de relations de proximité entre les firmes, qui vont au-delà de la relation hostile et anonyme du marché parfait. Les firmes participent à des réseaux, avec d'autres firmes, avec des laboratoires publics, des chercheurs indépendants, des clients, des fournisseurs. Elles y tissent des liens dans la durée. La répétition de l'interaction et la perspective de sa prolongation et des gains que celle-ci apportera à chacun sont le support d'une connaissance et d'une confiance mutuelles modélisées dans la théorie des jeux. Ainsi, les firmes créent des filiales communes (*joint-ventures*) de recherche, elles s'échangent des chercheurs, elles travaillent à des projets communs, elles concluent des accords de licences croisées, etc. Le recours à ce type de coopération s'est accru fortement au cours des années 1980 et 1990. Il a été permis par le relâchement des législations « antitrust » aux États-Unis et en Europe, qui autorisent des coopérations entre firmes lorsqu'elles concernent les phases amont de la recherche, loin de l'application et plus encore de la production (où coopération rime avec collusion, laquelle est illégale).

III / L'innovation dans un contexte macroéconomique

L'innovation a des déterminants macroéconomiques, en termes de demande agrégée comme de disponibilité et de prix des facteurs de production, ainsi que des effets sur la macroéconomie, croissance, emploi et commerce international.

Croissance économique

L'identification du progrès technique comme déterminant principal de la croissance économique est ancienne. Elle remonte à Adam Smith [1776] au moins, elle est plus claire encore chez Karl Marx [1864] et Joseph Schumpeter [1911]. L'intégration du progrès technique dans un cadre analytique formalisé est cependant plus récente, puisqu'elle est impulsée par Robert Solow [1957]. Cela est fait au prix d'un appauvrissement singulier de la pensée des grands ancêtres, qui ne sera que partiellement résorbé dans les années 1980 avec les théories de la croissance endogène. Deux questions essentielles intéressent le macroéconomiste : quels sont les effets du progrès technique sur la croissance ? Et comment le progrès technique est-il à son tour affecté par les grandeurs macroéconomiques ? (Un panorama de ce domaine est fourni dans Guellec et Ralle [1997].)

La théorie néoclassique repose sur l'hypothèse d'une fonction de production agrégée, qui décrit les relations entre les intrants et le produit. Dans la formulation choisie par Solow [1957], la technologie est représentée comme un stock, qui croît au cours du temps du fait de l'accumulation de techniques nouvelles. $Y = F(A, K, L)$, où Y est le produit, A la technologie, K le capital et L le travail. Le changement technique est représenté comme un changement de A au cours du temps : dA/dt.

Une telle formulation pose des problèmes méthodologiques importants, qui tiennent notamment à la signification des variables agrégées : elles n'ont de sens que s'il existe une unité de mesure commune, s'appliquant à leurs composantes microéconomiques. Pour ce qui est du travail ou du capital, le prix de marché peut être pris comme unité. L'on dira que le stock de capital total d'un pays composé de deux usines, l'une ayant une valeur de 1 million d'euros et l'autre de 5, est de 6 millions d'euros. Mais comment agréger les technologies ? Comment intégrer dans un stock unique des techniques en informatique et des biotechnologies ? Empiriquement, ce stock, ou plutôt sa variation, est estimé comme un résidu, la part de la croissance qui n'est pas expliquée par les facteurs explicitement quantifiés.

La théorie néoclassique de la croissance, issue du modèle de Solow, représente le progrès technique comme exogène : il s'effectue à un taux donné, fixé en dehors du modèle et constant. À chaque période, le stock de technologie s'accroît de μ % :

$$d\log A/dt = \mu.$$

Cette approche est justifiée par plusieurs arguments. D'abord, la technologie dépend des lois de la nature plutôt que de celles de l'économie. Ensuite, une grande partie de la recherche est le fait des gouvernements, qui obéissent à des objectifs non économiques (défense, prestige), et l'économie bénéficie essentiellement des retombées de cet effort qu'elle ne détermine pas. Ces deux arguments sont cependant faibles : le premier laisse de côté la dépendance du rythme du progrès technique par rapport au montant des investissements dont il fait l'objet ; quant au second, s'il était en partie fondé dans l'Amérique des années 1950 et 1960, cela apparaît largement comme une exception historique (les investissements privés ont retrouvé depuis lors le rôle moteur qui était le leur avant la Seconde Guerre mondiale). Il reste que la modélisation d'un progrès technique endogène n'était pas possible dans les années 1950 du fait de la limitation des outils conceptuels alors disponibles. Le modèle néoclassique va donc s'intéresser aux effets macroéconomiques du progrès technique et non à ses déterminants.

La fonction de production du modèle néoclassique possède certains attributs nécessaires à la résolution du modèle. Elle est notamment homogène de degré 1 en ses deux premiers arguments, capital et travail. Autrement dit, la multiplication de chacun de ces deux facteurs par un nombre positif quelconque multiplie le produit dans une même mesure (il n'y a pas d'économies d'échelle).

Le résultat central du modèle néoclassique est l'existence d'une trajectoire d'équilibre du capital par tête. À chaque niveau technologique A(*t*) correspond un niveau d'équilibre du capital par tête [k(*t*) = K(*t*)/L(*t*)], qui est tel que le rapport des productivités marginales du travail et du capital soit égal au rapport de leur rémunération. L'augmentation de A au cours du temps entraîne celle de k. Le progrès technique a pour effet d'augmenter la productivité marginale du capital, donc son rendement, ce qui induit le processus d'accumulation jusqu'au niveau où l'unité marginale de capital est rémunérée au taux d'intérêt en vigueur. On rejoint ici Schumpeter, pour lequel c'est l'innovation qui crée les opportunités d'investissement. Dans ce modèle, le progrès technique explique « en dernier ressort » toute la croissance, la contribution du capital n'étant que dérivée, induite.

En dépit de sa grande simplicité, le modèle néoclassique se révèle un puissant instrument d'analyse. D'abord, il sert de fondement aux décompositions de la croissance en ses composantes immédiates, augmentation du travail, du capital et « productivité totale des facteurs ». Ce modèle a permis d'illustrer quantitativement la contribution essentielle du progrès technique à la croissance, qui s'est révélée bien supérieure à celle du capital physique puisque, selon les pays et les périodes (et les auteurs), elle est de 50 % à 80 %.

Ce modèle est aussi à la base de la littérature sur le rattrapage, qui fournit un certain éclairage sur la croissance des pays retardataires (qui ne sont pas sur la frontière technologique).

En effet, si le progrès technique est au moins pour partie un bien public, alors les technologies mises au point dans les pays les plus avancés sont disponibles pour les pays qui le sont moins. Ceux-ci vont les adopter progressivement, et avec le progrès technique vient l'accumulation du capital physique. Les pays qui suivent un processus de croissance tendent donc à converger vers des niveaux similaires de capital par tête et de productivité, qui sont les niveaux d'équilibre compte tenu de la technologie existante : c'est le processus de convergence. Ces niveaux ne sont pas nécessairement identiques, car ils sont influencés par des caractéristiques nationales spécifiques (taux de croissance de la population, taux d'épargne, durée du travail). C'est ce processus de rattrapage qui explique les performances extraordinaires des pays européens dans l'après-guerre (ils rattrapaient les États-Unis) ou celles des pays asiatiques depuis les années 1960 (ils rattrapent les nations occidentales) et plus encore de la Chine depuis les années 1980 [Barro et Sala y Martin, 1995].

La convergence n'est évidemment pas un processus universel, puisque nombre de pays y ont échappé jusqu'à présent, par exemple les pays africains dans leur majorité. D'une part, il est clair que les technologies ne circulent pas parfaitement en général, et plus encore entre pays. D'autre part, pour que le processus se déclenche, un certain nombre de conditions doivent être réunies, qui sont résumées dans le concept de « capacités sociales » [Abramowitz, 1989] : la convergence est subordonnée à l'existence de conditions institutionnelles favorables à l'investissement (stabilité, sécurité, droits de propriété) et à la disponibilité d'un stock suffisant de capital humain sans lequel l'absorption des technologies avancées n'est pas possible.

Le modèle néoclassique laisse cependant une grande insatisfaction : il ne dit pas pourquoi la frontière mondiale des connaissances se déplace, il n'explique pas le rythme du progrès technique mais seulement ses effets et sa diffusion. C'est en réponse à cette insuffisance qu'ont été proposées les théories de la croissance endogène depuis le milieu des années 1980, à la suite des travaux séminaux de Paul Romer, Philippe Aghion et d'autres. Ces théories réhabilitent et affinent certaines intuitions plus anciennes, en les mettant dans un cadre analytique d'équilibre général doté de fondements microéconomiques rigoureusement formalisés. Elles s'appuient pour cela sur les progrès de l'économie industrielle tels qu'ils ont été rapportés dans le chapitre précédent.

Les nouvelles théories de la croissance

Dans ces théories, le changement technique résulte d'investissements réalisés par des agents économiques motivés par le gain. Ces investissements sont les dépenses en recherche, en innovation, en formation, et aussi en capital physique dans la mesure où celui-ci est source de savoir supplémentaire. La quantité d'investissement réalisée commande le rythme du progrès technique. Elle est elle-même influencée par les conditions économiques prévalantes, notamment la disponibilité des facteurs (capital humain et physique), par les conditions macroéconomiques (taux d'intérêt, échange international de biens et de capitaux), et aussi par les conditions institutionnelles qui affectent le coût et la rentabilité de l'investissement.

Qu'est-ce qui différencie la technologie des autres facteurs, notamment le capital physique, qui fasse d'elle le moteur de la croissance ? C'est, selon les théories de la croissance endogène, l'existence d'économies d'échelle dans la production de connaissances. Dans le modèle néoclassique, le capital voit sa productivité marginale décroître lorsque sa quantité augmente : pour des niveaux fixés des autres facteurs, technologie et travail, l'efficacité d'une unité supplémentaire de capital est inférieure à celle des unités précédentes. Par exemple, dans le cas d'une ferme, la contribution du second tracteur à la production sera moindre que celle du premier (parce que le premier remplissait déjà les tâches pour lesquelles un tracteur est plus utile, et parce que l'agriculteur doit maintenant partager son temps entre deux tracteurs au lieu d'un). La loi des rendements décroissants ne s'applique pas à la connaissance. Parce qu'il est intangible, le savoir n'est pas soumis aux effets de congestion qui caractérisent les biens physiques ; chaque nouvelle connaissance ouvre de nouvelles avenues pour le progrès du savoir (« Nous sommes des nains juchés sur les épaules de géants », selon les mots de Bernard de Chartres au XIIe siècle, repris plus tard par Newton). Un processus persistant d'accumulation de la connaissance est donc possible, qui entraîne l'accumulation des autres facteurs et donc la croissance. Formellement, la fonction d'invention peut se représenter de la façon suivante : $dA = b. H(R). A$, où H(R) est le capital humain affecté à la recherche et b un paramètre d'échelle. Dans cet exemple, le nombre des inventions dA est linéaire en les ressources mises dans la recherche, R, si H est une fonction homogène de degré 1.

Les rendements d'échelle croissants posent un problème difficile à la vision néoclassique de l'économie. En effet, ils impliquent un avantage lié à la taille, qui est source de destruction de la concurrence. Si la firme la plus grande est de ce fait la plus efficace, elle élimine alors toute concurrence sans espoir de restauration [Dasgupta et Stiglitz, 1980]. Afin de rendre compatibles rendements d'échelle et concurrence, les modélisateurs ont exploré deux voies. La première est celle de la différenciation des biens, où l'économie est représentée comme un ensemble de firmes monopolistiques sur leur propre marché, mais qui ne sortent pas de celui-ci. La firme qui produit le bien X est seule à le faire, et elle ne concurrence celle qui produit le bien Z qu'à la marge : elle ne peut reporter ses économies d'échelle sur ce bien (l'avantage de taille acquis par une entreprise dans l'automobile ne peut être reporté dans le textile). La seconde voie est celle des externalités. Les rendements d'échelle sont constants au niveau de la firme, mais ils sont croissants à un niveau agrégé, car chaque firme bénéficie des progrès réalisés par les autres sans évidemment pouvoir les décider (chaque firme est maîtresse de sa politique d'investissement).

Voyons plus précisément quelques modèles de croissance endogène. Celui de Romer [1986] voit dans les externalités engendrées par l'investissement en capital physique la source de progrès technique. Chaque investissement est source de connaissance supplémentaire, qui n'est pas appropriable par l'investisseur. Il se crée ainsi un stock de savoir collectif, dans lequel chaque firme puise gratuitement et que, inversement, elle contribue à alimenter. Cette idée est directement reprise de Nicholas Kaldor, qui voyait dans les économies d'échelle engendrées par l'investissement la source de la croissance et, insérant cela dans un cadre keynésien, en avait déduit l'importance dans le long terme des politiques de demande (qui tirent l'investissement et donc la productivité). Dans la même veine, on peut aussi invoquer les effets du *learning by doing*, l'« apprentissage par la pratique », qui relie les gains de productivité au volume de l'activité économique, investissement ou production. La division du travail, dont l'intensité est liée au niveau de l'activité, est une autre source similaire. Une spécialisation accrue de la main-d'œuvre est source de gains d'efficacité et d'économies d'échelle (selon l'exemple fameux de la manufacture d'épingles popularisé par Adam Smith). Dans tous les cas, un cercle vertueux est créé entre production et productivité, qui s'engendrent mutuellement et permettent une croissance soutenue.

Le modèle de Romer [1990] voit dans la recherche la source du progrès technique. L'économie représentée est à deux secteurs. Un secteur de la production de biens physiques et un secteur de la recherche qui invente les biens ensuite produits. La croissance est représentée comme une augmentation de la diversité des biens d'équipement disponibles, elle-même source de productivité. Des machines nouvelles sont inventées, de plus en plus spécialisées, ayant des usages nouveaux, qui permettent une plus grande efficacité productive. Il y a des externalités positives dans la recherche (chaque chercheur bénéficie gratuitement des trouvailles de ses collègues et de ses prédécesseurs), et il y a concurrence monopolistique dans la production. En effet, la recherche constituant un coût fixe, le coût moyen de production d'un bien donné diminue avec la quantité qui en est produite. Le taux de croissance de l'économie à l'équilibre est déterminé par le rythme du progrès technique, qui dépend lui-même du nombre des travailleurs qualifiés affectés à la recherche. Ce nombre dépend à son tour du nombre total de travailleurs qualifiés disponibles, ceux-ci se partageant entre la gestion de la production et la recherche. On remarquera que si le nombre des travailleurs qualifiés détermine le taux de croissance, alors celui-ci est fonction de la taille de l'économie : de deux économies identiques en tous points (capital physique et humain par tête notamment) sauf la taille, c'est la plus grande qui croîtra le plus vite.

Ces deux modèles ont en commun de prévoir un taux de croissance de l'économie à l'équilibre décentralisé qui est inférieur au taux de croissance socialement optimal (celui que déciderait un planificateur bienveillant). La raison de cet écart est bien sûr l'existence d'externalités. Les agents prennent leurs décisions d'investissement en fonction du rendement privé, lequel est inférieur au rendement social. Ils investissent donc moins que cela ne serait souhaitable pour la collectivité. Le fait que la recherche soit un bien partiellement public est la source d'une défaillance de marché, qui appelle une correction par le gouvernement.

Une autre famille de modèles de croissance endogène représente le progrès technique comme une amélioration de la qualité des biens [Aghion et Howitt, 1997]. Les biens nouveaux, inventés par des chercheurs, sont supérieurs aux biens anciens en ce qu'ils fournissent une plus grande satisfaction, à un prix donné, au consommateur, ou qu'ils sont plus efficaces dans la production. Il s'agit de différenciation verticale. À l'opposé du modèle précédent de différenciation horizontale, un processus de destruction créatrice est ici à l'œuvre. Les techniques nouvelles ne font pas que s'ajouter aux techniques anciennes, elles les remplacent. En ce sens, il y a une externalité négative, les biens nouveaux dévalorisant les biens anciens et les actifs qui leur sont liés (capital, qualification). Cette externalité négative peut être plus élevée ou moins élevée que l'externalité positive liée à la connaissance, et le taux de croissance d'équilibre peut être en conséquence inférieur ou supérieur au taux socialement optimal.

Au-delà de leur hypothèse commune de rendements croissants dans la production du savoir (hypothèse qui prend des formes analytiques variées), les modèles de croissance endogène sont très divers. Ils se distinguent notamment par la représentation du progrès technique sur laquelle ils reposent. Celle-ci est incarnée dans la fonction de production, d'innovation ou d'utilité selon les modèles. Différenciation verticale et différenciation horizontale ont été combinées par Young [1998], avec l'hypothèse que seule la différenciation verticale est source de savoir cumulatif, la différenciation horizontale ne constituant alors que des adaptations de biens donnés à des usages particuliers. Par exemple, l'automobile constitue une innovation verticale, et la différenciation en des milliers de versions est une innovation horizontale. Dans ce cadre, une augmentation de la taille du marché peut avoir des effets négatifs sur le rythme du progrès technique, en orientant une proportion plus grande des dépenses de recherche vers l'innovation horizontale (des consommateurs plus nombreux et plus divers appellent une plus grande spécificité des biens offerts) au détriment de l'innovation verticale.

À l'opposé, Bresnahan et Trajtenberg [1995] affirment la complémentarité de ces deux types d'innovations. Ils proposent une formalisation des « technologies génériques » (*general purpose technologies*), source des avancées radicales du progrès technique (machine à vapeur, électricité, ordinateur) et de leur interaction avec les innovations incrémentales qui leur permettent d'acquérir une plus grande efficacité productive. Dans une veine similaire, Young [1993] distingue les innovations radicales, qui ouvrent la voie à de nouvelles familles de technologies et sont issues de la recherche, des innovations incrémentales, qui perfectionnent ces technologies de base et proviennent plutôt de l'apprentissage par la pratique.

Innovation et croissance : les études empiriques

L'analyse empirique dans ce domaine a consisté à régresser des indicateurs de performance macroéconomique, notamment le PIB et la productivité, sur des indicateurs d'activité inventive (R&D) ou directement d'invention (brevets). Par rapport aux analyses réalisées au niveau microéconomique, celles qui sont réalisées au niveau macroéconomique sont plus éloignées des mécanismes à l'œuvre au sein des entreprises et sur les marchés, et elles ignorent l'hétérogénéité des comportements et des effets au sein de l'économie : en ce sens, elles s'apparentent plus à des corrélations qu'à des analyses causales. En revanche, elles permettent de mieux prendre en compte les phénomènes qui dépassent les acteurs et les marchés, notamment les externalités, les interactions et d'autres variables systémiques, et elles donnent accès à des comparaisons internationales qui sont impossibles au niveau microéconomique. Les problèmes de mesure sont considérables : la productivité, qui est le rapport entre le produit (PIB) et les facteurs utilisés (capital, travail), capte les imperfections de mesure de ces variables. La R&D comme les brevets sont des mesures partielles de l'innovation. Malgré cela, les analyses effectuées convergent vers certains résultats robustes [Guellec et Van Pottelsberghe, 2004 ; Hall *et al.*, 2010].

Premièrement, l'innovation est bien une source d'accroissement de la productivité. Les pays où les entreprises dépensent plus en R&D ont, toutes choses égales par ailleurs, une croissance plus élevée. Deuxièmement, la R&D publique a un effet direct sur la productivité moindre que celui de la R&D privée, mais elle a un effet indirect car elle entraîne un accroissement de la R&D privée (qui exploite les résultats de la R&D publique). Troisièmement, chaque pays bénéficie grandement de l'activité d'innovation réalisée dans les autres pays : les externalités internationales expliquent même une grande partie de la croissance, mais leur ampleur est conditionnée par l'intensité de l'effort national en R&D (lequel détermine donc la « capacité d'absorption » de chaque pays).

Cycle économique

En parallèle, et souvent en opposition, à la vision néoclassique de la croissance s'est développée une vision plus historique et plus « technologiste ». Partant d'un schéma microéconomique (le cycle de vie du produit), elle s'étend plus largement aux fluctuations macroéconomiques de longue période. Elle est historique car elle insiste sur les ruptures de la croissance (périodisation de l'histoire économique) plus que sur la permanence de ses mécanismes. Elle est « technologiste » en ce sens que le rythme et l'orientation de l'innovation sont pris comme déterminants du mouvement d'ensemble des économies (bien que ce point doive être nuancé dans le cas de certains auteurs).

L'hypothèse du cycle de vie du produit (CVP) identifie un certain nombre de régularités dans la trajectoire suivie par les produits ou les industries, depuis leur naissance jusqu'à leur déclin. De façon très schématique et au-delà de la diversité des présentations qui en sont faites par différents auteurs, l'hypothèse du CVP retient trois phases dans le cycle [Klepper, 1997]. La première est la phase d'exploration. À la suite d'une innovation radicale, un nouveau « concept technologique » apparaît (par exemple l'automobile). Il s'ensuit une vague d'innovations de produit, qui proposent des versions du bien nouveau sensiblement améliorées et adaptées à des usages de plus en plus diversifiés. Les procédés de production sont encore peu efficaces et les prix restent élevés. C'est une phase de grande incertitude technologique (parmi toutes les voies de progrès ouvertes seules certaines survivront, mais lesquelles ?) et de grande fluidité, à la fois technologique et industrielle. En effet, les voies nouvelles sont proposées par des firmes nouvelles, qui sont nombreuses à entrer sur le marché et qui ont des ventes très diverses selon le succès de leur technologie. La deuxième phase est celle du développement. Le marché connaît une croissance forte parce que de nouvelles applications ont été identifiées et que les clients nouveaux s'équipent, et aussi parce que les prix baissent. L'augmentation de la productivité en même temps qu'une concurrence accrue pèsent sur les prix. Le nombre de firmes se stabilise. La troisième phase est celle de la maturité. Un type dominant (*design*) émerge, l'innovation devient essentiellement incrémentale et centrée sur les procédés, la concurrence se fait par les prix, et le nombre des firmes diminue (il n'y a plus d'entrées, et parmi les firmes en place les économies d'échelle entraînent faillites et fusions). Éventuellement, une quatrième phase, le déclin, peut être identifiée, le produit étant alors remplacé par quelque successeur.

La pertinence empirique de l'hypothèse du CVP a été montrée pour certaines industries. Ainsi, dans l'automobile, la première décennie du XXe siècle voit une multiplication des innovations et des firmes, une grande turbulence technologique et industrielle. Puis un *design* dominant émerge, qui est dominant encore un siècle plus tard : moteur à combustion interne, châssis, etc. Le nombre des firmes n'a cessé de diminuer tout au long du siècle. Les procédés de production ont été améliorés après que le produit s'est stabilisé (la première chaîne de montage est installée en 1913 par Ford). Il reste cependant des cas nombreux qui sont difficilement intégrables dans un tel cadre, des industries dans lesquelles, par exemple, le flot d'innovations et d'entrées ne se tarit pas avec le temps (l'industrie des lasers depuis les années 1950), ou qui sont soumises à des chocs technologiques majeurs et répétés qui empêchent toute stabilisation (informatique). La grande difficulté que rencontre l'hypothèse du CVP est de définir l'unité pertinente à laquelle elle s'applique. Chaque produit est constitué de technologies multiples, qui peuvent évoluer selon des trajectoires très différentes ; chaque industrie offre de multiples produits qui peuvent connaître des histoires très diverses. Prenons l'informatique : va-t-on parler de cycle de vie de l'ordinateur en général, commençant au milieu des années 1940 et se poursuivant sous nos yeux ? Ou bien va-t-on distinguer les gros systèmes des micro-ordinateurs, puis les réseaux, chacun suivant son propre cycle ? Ou, plus encore, doit-on distinguer les composants (microprocesseur, mémoire vive, disque dur, et pourquoi pas logiciels), qui ont chacun leur histoire ? Si l'hypothèse du CVP s'applique bien à certains cas (ce qui explique que les entreprises y aient régulièrement recours pour établir leurs diagnostics et leur stratégie, et que les historiens de la technologie en fassent fréquemment usage dans leurs monographies), son caractère de généralité reste problématique, et donc son statut théorique.

L'hypothèse du CVP peut être envisagée à un niveau d'agrégation plus grand que le produit ou l'industrie : au niveau macroéconomique. Une très riche tradition de travaux économiques et historiques s'est développée, à la suite notamment des études de Joseph Schumpeter [1939], qui propose d'expliquer les fluctuations longues des économies (« cycles Kondratieff ») par la dynamique de la technologie. Là aussi, il y a une certaine diversité des approches, et l'on en restera aux aspects principaux communs à la plupart des écoles.

Une première notion est celle de « système technique » (ou « paradigme technologique »), ainsi défini par Lorenzi et Bourlès [1995] : « Un système technique est un ensemble constitué des techniques ainsi que des modes et des moyens de production et de consommation, et d'une organisation du travail spécifique, que ces techniques induisent. » L'idée est donc d'identifier une certaine cohérence entre les technologies existant à un instant donné, cohérence qui s'organise autour d'une technique ou d'une famille de techniques dominante, qui affecte le développement des autres techniques. On parlera ainsi du système de la vapeur, du système de l'électricité, du système des TIC (« technologies de l'information et de la communication »). Certains auteurs étendent la définition précédente des systèmes techniques jusqu'à y inclure des aspects institutionnels, avec comme hypothèse qu'il existe une cohérence, voire une relation de causalité, entre technologies et institutions, parlant alors de « paradigme sociotechnique ».

C'est l'analyse de Schumpeter qui a permis de rapprocher l'histoire des techniques, vue comme succession de systèmes, de celle de la croissance économique. Celle-ci est présentée, à la suite des travaux du statisticien russe Kondratieff, comme une succession de cycles d'une durée moyenne de cinquante ans. Des phases d'expansion de l'ordre de vingt-cinq ans alternent avec des phases de croissance lente de la même durée. La périodisation précise peut varier d'un auteur à l'autre, mais un certain consensus s'établit sur la chronique suivante des cycles [Freeman et Soete, 1997] : 1780-1840 (première révolution industrielle, textile), 1840-1896 (diffusion de la vapeur), 1896-1945 (électricité, acier), 1945-années 1990 (production de masse, automobile).

La vague actuelle de « digitalisation de l'économie et de la société » entre très bien dans ce cadre. Un ensemble de techniques distinctes mais interdépendantes, les TIC, longtemps tirées par la loi de Moore, ont fait de grands progrès et progressivement gagné et transformé toutes les sphères de l'économie et de la société. Compte tenu du potentiel reconnu de développement de ces technologies, elles ont encore plusieurs décennies de progrès devant elles. En revanche, leurs effets sur la croissance économique ont été jusqu'à présent plutôt décevants.

Le schéma que propose Schumpeter, bien que reposant sur la technologie, comprend cependant une riche analyse économique. Le début de l'expansion est caractérisé par un bourgeonnement de produits nouveaux (les « grappes d'innovations »), alimenté par des profits élevés et un crédit bancaire abondant, porté par des entreprises nouvelles. C'est une phase d'intense destruction créatrice et de forte croissance économique. Puis le filon technologique se tarit, les innovations se font moins nombreuses et moins radicales, les entreprises sont prises dans un mouvement de concentration, la croissance ralentit et le profit diminue du fait de l'érosion des rentes associées aux positions de monopole. Selon les conditions financières, une crise ouverte éclate (les investisseurs, et notamment les banques, ne voient pas ce ralentissement et surinvestissent), entraînant des faillites, une récession et donc un « nettoyage » de l'industrie (dévalorisation du capital). Une fois l'assainissement réalisé, les conditions sont mûres pour un redémarrage de l'accumulation. Les rôles respectifs de la technologie et de l'économie ne sont ici pas clairement identifiés : est-ce la relance de l'accumulation qui permet le redémarrage de l'innovation (progrès technique endogène), ou bien est-ce la découverte d'un nouveau filon technologique qui tire l'accumulation ?

Sans adhérer à la théorie des cycles, certains historiens ont également souligné le rôle des vagues d'innovation dans les fluctuations de la croissance. Ainsi, François Caron [1997] identifie trois révolutions industrielles (respectivement fin du XVIIIe siècle, du XIXe et du XXe) qui ont scandé l'histoire et, avec les délais nécessaires à la maturation et à la diffusion des technologies, ont à chaque fois déclenché des mouvements longs de croissance.

La principale difficulté théorique que rencontre cette approche est de justifier l'apparition des innovations en grappes plutôt que de manière indépendante. Un argument (modélisé dans Bresnahan et Trajtenberg [1995]) est qu'il existe des interactions entre technologies, le développement des unes appelant le développement des autres, soit parce qu'elles reposent sur des principes identiques (effet d'offre), soit parce que le progrès des unes crée un besoin des autres qui est satisfait par des investissements en recherche conséquents (effet de demande). Cela s'applique évidemment à l'informatique, où *hardware* et *software* s'appellent mutuellement, où vitesse du processeur et capacité de mémoire vont de pair. Un argument économique en faveur des grappes est que les innovations sont plus nombreuses et plus radicales lorsque la quantité d'investissement est plus grande, et celle-ci est affectée par des phénomènes macroéconomiques (cycles ou accidents, telles les guerres) qui s'appliquent à tous les secteurs, donc à des familles technologiques diverses. La technologie joue dans ce cadre un rôle plutôt contingent.

On peut de façon symétrique s'intéresser aux effets de la conjoncture économique sur l'innovation : les récessions, dues par exemple à une crise financière, sont-elles nuisibles ou favorables à l'innovation ? La théorie économique et les analyses empiriques penchent plutôt vers un diagnostic pessimiste, mais nuancé : il y a moins d'innovations durant les phases de faible croissance, mais ces innovations sont pour certaines plus radicales que celles qui sont faites en période de forte croissance.

Les phases de récession connaissent aussi un déclin ou un ralentissement des dépenses de R&D, des dépôts de brevets et des dépôts de marques, tous indicateurs de l'innovation [OCDE, 2009b]. La première raison en est la situation financière des entreprises. Celles-ci, affectées par des ventes réduites, disposent d'un *cash flow* diminué, qu'elles préfèrent allouer à des usages dont dépend leur survie immédiate (rembourser les dettes, assurer leur activité courante, par exemple payer le personnel, etc.). Les investissements dont le retour est attendu à plus long terme devront attendre. De plus, les sources externes de financement, notamment les banques, sont peu enclines en règle générale à financer l'innovation, et cela plus encore en période de récession où le risque de faillite de l'emprunteur est plus grand encore.

Les créations d'entreprises sont un vecteur important de l'innovation, et elles sont elles-mêmes procycliques. Une étude sur les États-Unis [Lee et Mukoyama, 2007] montre que les entreprises créées en phase de récession sont moins nombreuses et plus grandes que celles qui sont créées en phase d'expansion. Cela reflète des barrières à l'entrée plus élevées dans ces phases, dues probablement à un accès plus difficile au capital : les financeurs sont plus exigeants, acceptant moins de projets et des projets plus structurés, donc en général plus gros.

Les innovations qui sont réalisées en phase de récession peuvent aussi être plus radicales, et les entreprises qui naissent dans ces phases plus pérennes : la plus grande sélectivité des financeurs donne finalement un espace plus grand pour ceux, moins nombreux, qui sont sélectionnés ; il est possible aussi que les temps de crise soient des temps de remise en cause des certitudes économiques ou techniques qui ont présidé à la croissance antérieure, offrant l'occasion à des offres plus exotiques de se réaliser.

Commerce international

« Le progrès technique chez mes concurrents est-il un bien pour mon pays ? » Telle est la question que se pose le décideur politique en matière d'échange international [Krugman, 1995]. L'analyse économique, dans une démarche plus analytique, divise cette question en trois sous-questions. La première concerne l'existence et la nature des effets de la technologie sur les flux internationaux de biens ; la deuxième est celle des conséquences de la spécialisation internationale sur le progrès technique ; la troisième est celle de la possible inégalité des spécialisations industrielles (dues au commerce international) en termes de potentiel de progrès technique — et donc de « compétitivité nationale » dans le long terme.

La théorie de Ricardo [1819] attribue la spécialisation des pays liés par l'échange à l'existence d'avantages comparatifs. Si l'Angleterre est plus efficace que le Portugal dans la production du drap relativement à celle du vin, alors l'Angleterre se spécialisera dans le drap et le Portugal dans le vin. La technologie apparaît comme une source essentielle des différences d'efficacité, et est donc source des spécialisations nationales et des courants d'échanges commerciaux.

La tradition néoclassique prend une approche opposée, synthétisée dans le modèle Hecksher-Ohlin-Samuelson (HOS). Cohérent avec la théorie néoclassique de la croissance (qu'il précède), ce modèle suppose que les pays ont tous accès à la même technologie. La fonction de production est la même pour tous, elle est mondiale. Les pays se distinguent par leur dotation factorielle. Certains ont relativement plus de travail, d'autres ont relativement plus de capital. Puisque le prix mondial de chaque bien est unique et que la technologie est commune, chaque pays va exporter les biens les plus intensifs dans le facteur dont il est plus doté, et importer les biens les plus intensifs dans le facteur dont il est moins doté. Dans ce modèle, la technologie ne joue aucun rôle explicite dans la spécialisation, puisqu'elle est identique pour tous.

Les analyses empiriques soutiennent la vision ricardienne plutôt que la vision HOS. La relation entre spécialisation et dotation en facteurs est très ténue, comme l'illustre le « paradoxe de Leontieff » : le pays le mieux doté en capital, les États-Unis, était au début des années 1950 exportateur net de biens intensifs en travail. Les travaux plus récents n'ont pas trouvé de régularité dans les liens entre dotation factorielle et commerce extérieur (voir le panorama de Krugman [1995]).

Cependant, la théorie du changement technique endogène montre que dotation factorielle et niveau technologique sont indépendants l'un de l'autre, sauf dans des cas particuliers (les matières premières). Les pays technologiquement les plus avancés sont aussi ceux qui ont la plus forte dotation en capital humain, en capital physique, etc. Ainsi, une certaine synthèse des visions ricardienne et HOS est atteinte, mais dans un cadre théorique éloigné de HOS. La technologie n'est plus un bien public international, librement accessible à toutes les nations, mais un bien spécifique, produit par des facteurs peu mobiles (capital humain), accumulé et valorisé localement.

Les études empiriques [Dosi *et al.*, 1990] montrent que les pays qui font le plus de R&D sont ceux dont les exportations sont le plus orientées vers les biens de haute technologie. Elles montrent aussi que les pays qui font le plus de R&D rencontrent, toutes choses égales par ailleurs, un plus grand succès en termes de parts de marchés [Magnier et Toujas-Bernate, 1994]. De plus, il est clair que l'essentiel du commerce international prend place entre pays développés, dont les dotations factorielles sont peu différentes, plutôt qu'avec des pays peu développés mais riches en matières premières.

La nouvelle théorie du commerce international [Krugman, 1990] vise à rendre compte de cela. Elle a formalisé l'idée que les différences de technologie fondent l'échange. En effet, la technologie est source d'économies d'échelle, qui font que, lorsque deux pays ouvrent mutuellement leurs frontières, chacun est amené à se spécialiser dans certains biens et à en abandonner d'autres (les économies d'échelle entraînent une structure de marché monopolistique). Cette vision du commerce international est confortée par les études empiriques, qui montrent la place prépondérante qu'occupent les échanges intrabranches dans les échanges (échanges de produits similaires, par exemple de différents modèles d'automobiles). Les économies d'échelle remplacent les dotations factorielles comme source de la spécialisation.

Non seulement le commerce international est influencé par la technologie, mais aussi celle-ci en reçoit des effets en retour. La théorie de la croissance endogène fournit un cadre adéquat pour étudier cela. L'intégration économique internationale, notamment par le commerce, a un effet direct positif sur la croissance, et cela pour deux raisons. D'une part, un marché plus grand accroît le rendement des activités caractérisées par des économies d'échelle (dont la recherche), donc leur ampleur ; d'autre part, l'intégration internationale élargit la base de connaissance accessible aux inventeurs de chaque pays (qui peuvent puiser dans le capital de connaissance des chercheurs étrangers) et donc l'efficience des activités d'innovation. Voyant leur rendement économique accru et leur coût réduit, les activités d'innovation se développent plus dans un contexte d'ouverture commerciale que de protectionnisme (la Corée du Nord en fournit une sorte de preuve). On pourrait ajouter des arguments supplémentaires, moins spécifiques aux nouvelles théories : l'intégration évite la duplication des inventions entre pays (réduisant donc les coûts d'invention à l'échelle mondiale) ; l'ouverture entraîne une intensification de la concurrence (les concurrents étrangers s'ajoutent aux nationaux), et donc l'incitation à innover. Ces arguments renforcent l'idée que l'échange international est favorable au bien-être, en ajoutant une dimension dynamique à un argumentaire habituellement statique. Au total, non seulement le commerce international réduit le coût d'un panier donné de biens (vision classique), mais il étend ce panier (nouvelle théorie du commerce international) et il élève son taux de croissance (nouvelle théorie de la croissance).

On peut objecter à cela que l'intégration, notamment commerciale, n'est pas nécessaire à la diffusion de la connaissance, puisqu'il existe d'autres vecteurs de la connaissance que les biens. Il suffit par exemple aux chercheurs d'un pays de lire les articles écrits par leurs concurrents ou d'analyser les produits nouveaux (*reverse engineering*). L'expérience historique suggère cependant que l'ouverture aux connaissances va de pair avec une certaine insertion dans les flux d'échange. Les importations, notamment d'équipements, sont un vecteur essentiel de la technologie. De même, l'investissement direct (création d'établissements par des firmes multinationales) permet le transfert de la technologie et des actifs qui lui sont complémentaires (compétences, etc.).

Les gains à l'échange sont certes élevés au total, la production agrégée mondiale étant plus grande lorsque les pays échangent que lorsqu'ils sont fermés. Mais qu'en est-il du partage de ces gains ? Tous les participants gagnent-ils à l'échange ? Quels facteurs déterminent la part de chacun dans les gains ?

Si l'approche dynamique souligne l'ampleur des gains agrégés, elle montre aussi que, parfois, des pays peuvent pâtir de l'ouverture de leurs frontières. Cela se produit dans les secteurs où il existe des économies d'échelle dynamiques, provenant par exemple d'un effet d'apprentissage. Dans ce cas, le pays qui parvient à prendre un avantage à un instant donné verra cet avantage se renforcer au cours du temps, excluant de ce secteur les autres pays de façon irréversible. Si les secteurs ont un potentiel technologique inégal (par exemple : agriculture *vs* industrie, ou textile *vs* électronique), alors le pays qui parvient à prendre le contrôle à un instant donné d'un secteur présentant de grandes opportunités en bénéficiera de plus en plus, en barrant l'accès aux autres, lesquels sont alors confinés aux secteurs traditionnels à faible croissance de productivité [Krugman, 1990]. Cette vision justifie les politiques « stratégiques » menées par les États dans différents secteurs de haute technologie. C'est en fournissant aux producteurs locaux

La diffusion des technologies et ses effets sur la productivité

La diffusion est le mécanisme par lequel l'innovation, phénomène microéconomique, local, acquiert une dimension méso- ou macro-économique. L'invention affirme là son caractère de bien non rival — inventée une fois, utilisée à l'infini. La diffusion recouvre en fait plusieurs phénomènes distincts. L'imitation est la diffusion d'une invention vers les concurrents de l'innovateur. L'imitateur réalise quelque chose que l'innovateur aurait pu faire lui-même, directement, en étendant ses capacités de production. L'imitation est une forme particulière de la circulation des idées (par les publications, les contacts formels ou non), laquelle peut aussi prendre des formes plus créatrices (l'invention initiale est améliorée par ceux qui s'en inspirent). La diffusion peut aussi s'effectuer vers l'aval, des secteurs innovateurs vers les utilisateurs. On dira ainsi qu'une technologie « se diffuse » lorsque le nombre de ses utilisateurs augmente. Ce phénomène est pour partie capté par les matrices *input/output* de biens intermédiaires ou de biens d'investissement [OCDE, 1996]. La question de la diffusion intersectorielle prend tout son sens lorsque l'on réalise que 75 % de la R&D sont réalisés par des secteurs comptant pour moins de 5 % de la valeur ajoutée dans les pays de l'OCDE (informatique, aéronautique et pharmacie). Il y a donc au sein des économies un petit noyau d'activités qui engendrent l'essentiel des gains de productivité, lesquels sont ensuite redistribués dans l'ensemble de l'économie. Ce processus de redistribution est de nature économique autant que technologique, en ce sens qu'il passe par des changements de prix relatifs.

Quels sont les effets de l'adoption de technologies nouvelles sur la productivité d'un secteur ? Cela dépend du prix payé pour les technologies nouvelles. Si l'innovateur est en position de force (monopole), alors il peut capter tout le surplus, c'est-à-dire fixer à son bien nouveau un prix qui lui permet de s'approprier la totalité du gain de productivité que réalisent les utilisateurs. Il y a alors gain de productivité dans le secteur amont. À l'inverse, si l'adopteur est en position de force, il peut réduire la rente de l'innovateur et s'approprier le surplus (ou le redistribuer aux consommateurs finals si ceux-ci ont les moyens de l'exiger). Ainsi,

un débouché protégé (marchés publics) qu'on leur permet de refaire leur retard et de devenir ainsi compétitifs. La logique est similaire à celle des politiques de substitution à l'importation menées dans certains pays du tiers monde dans les années 1960. De façon plus transversale, s'il existe dans les activités d'innovation des économies d'échelle qui s'arrêtent aux frontières nationales (dues par exemple au caractère national des réseaux de chercheurs), alors l'ouverture aux échanges peut réduire la rentabilité de la recherche dans les pays qui initialement sont les moins performants, et les confiner dans les activités de production, à faible valeur ajoutée [Rivera-Batiz et Romer, 1991].

la distribution entre secteurs des gains de productivité est largement dépendante des structures de marché (degré de concurrence).

Au niveau de la firme, l'adoption d'une technologie nouvelle n'est pas un acte automatique ; elle s'inscrit dans une stratégie plus large d'innovation, de produit ou de procédé, dont l'acquisition de technologie en provenance de l'extérieur est un élément seulement. Prenons le cas des technologies de l'information et de la communication (TIC), famille de technologies qui évolue très rapidement et se diffuse tout aussi vite. Les entreprises qui adoptent des TIC le font dans le cadre de stratégies bien définies (par exemple, la gestion informatisée des flux dans une entreprise de transport, visant à faire du juste-à-temps, à réduire les stocks, les temps de circulation, à améliorer la logistique) et doivent mener de profondes transformations complémentaires (organisationnelles notamment). La technologie apparaît alors comme un instrument, un levier, dans le cadre d'une innovation plus large. Mais cet instrument lui-même est compliqué à gérer : choix de matériels (dans un environnement technologique changeant, il faut à la fois assurer la compatibilité avec les matériels installés et anticiper les évolutions futures), de logiciels (former le personnel, assurer la compatibilité), et choix de technologies complémentaires (téléphones mobiles, système de positionnement GPS, codes-barres, etc., dans le cas des transporteurs).

Il est donc vain d'attendre qu'à chaque doublement de la vitesse des puces la productivité connaisse un bond similaire. La puce n'est qu'une composante d'un système technique autrement plus vaste. La vitesse de la puce n'est qu'une variable dans l'équation de la productivité, elle ne détermine pas à elle seule le résultat. Les transformations complémentaires sont incertaines, elles sont le fruit de tâtonnements longs et coûteux. C'est par ce phénomène d'apprentissage technique et social que Paul David [1991] explique le ralentissement de la productivité observé après 1973. Dressant un parallèle avec une autre innovation majeure, l'électricité à la fin du XIXe siècle, il montre qu'il a fallu plus de trente ans pour que les inventions premières, celles de Thomas Edison notamment, se traduisent par des gains de productivité significatifs au niveau macroéconomique. Le même phénomène se reproduirait près d'un siècle plus tard pour les TIC.

Il ne semble pas cependant que l'expérience historique aille globalement dans ce sens. Il n'y a pas d'exemple de pays, parmi les pays développés, qui ait vu son potentiel technologique s'appauvrir de façon durable au cours des dernières décennies. Tous les pays développés ont vu augmenter leurs dépenses de R&D. Mieux, il y a internationalisation croissante des activités de recherche. Il apparaît que la recherche, qui jusqu'à récemment était plutôt nationale (exercée par les firmes dans leur pays), plus que la production ou l'investissement physique, tend maintenant à s'internationaliser, participant ainsi au mouvement de globalisation [OCDE, 1998]. Les firmes multinationales localisent leurs laboratoires dans des pays différents, non seulement pour mieux adapter leurs produits aux marchés locaux, mais aussi pour puiser dans les compétences locales souvent uniques (*technology sourcing*).

Géographie de l'innovation

Les activités d'innovation sont concentrées géographiquement : elles sont plus concentrées que les activités de production. Certaines villes, certaines régions sont plus innovantes que d'autres (la Silicon Valley, la région de Cambridge) ; on note aussi une tendance à la spécialisation (Toulouse dans l'aéronautique, Grenoble dans l'électronique et les nanotechnologies). Les questions que se pose l'économiste sont : pourquoi cette tendance à la concentration des activités d'innovation ? Quels facteurs expliquent la spécialisation des villes ou des régions ?

Les études empiriques [Carlino et Kerr, 2015] confirment la concentration géographique des activités d'innovation ; ces études tendent aussi à montrer les avantages liés à cette concentration : une « prime à la qualification » (le niveau des salaires, toutes choses égales par ailleurs, et notamment le niveau de qualification, est plus élevé dans les grandes villes), une productivité plus élevée de la recherche (mesurée par le nombre de brevets ou d'articles hautement cités par chercheur) dans les zones à haute densité en recherche. Les activités d'innovation sont plus efficaces lorsqu'elles sont conduites dans une plus grande proximité spatiale les unes avec les autres, on parle alors d'« avantages liés à l'agglomération ». Il semble que ces avantages sont plus forts lorsque la proximité est très grande, diminuent très fortement avec la distance : une étude sur l'industrie américaine estime que les avantages sont élevés dans un cercle de 1 mile (1,6 kilomètre), dix fois plus faibles à 5 miles, et nuls au-delà de 10 miles.

Il existe deux principales familles d'explications quant aux avantages liés à l'agglomération. Une première famille est fondée sur les infrastructures communes utilisées par les innovateurs, par exemple des grands équipements scientifiques (accélérateurs de particules), des hôpitaux (pour la recherche clinique), mais aussi des infrastructures *soft* tels des capital risqueurs, des conseils financiers ou juridiques, etc. Ces infrastructures sont nécessaires à l'innovation, elles ont un coût et sont difficilement divisibles. Elles vont donc attirer les innovateurs. Une seconde famille d'explications se réfère aux externalités de connaissance : un innovateur est généralement plus efficace lorsqu'il peut interagir avec un autre innovateur, et les interactions sont favorisées par la proximité géographique. Les interactions sont multiples, formelles (conférences, collaborations institutionnalisées) ou informelles (socialisation, rencontres aléatoires). Certaines des interactions qui sont source d'idées nouvelles ou de leur développement peuvent être facilitées par l'Internet ou les déplacements et ne sont donc plus dépendantes de la proximité : on peut facilement échanger des documents, accéder à des bases de données ou converser à distance. Ce que la proximité fournit en plus, c'est le caractère massif (nombre d'innovateurs), permanent (au quotidien) et la possibilité des rencontres aléatoires. Elle fournit aussi une proximité sociale dont il a été montré qu'elle nourrit la confiance (rencontres physiques, partage d'un même réseau social où chacun doit maintenir sa réputation), et donc accroît la densité de la communication.

Les avantages liés à la proximité ont donné naissance à des *clusters,* ou *écosystèmes,* des ensembles d'entreprises et laboratoires de recherche proches les uns des autres. Ces *clusters* ont des compositions et des structures variées, liées à leur domaine de spécialité et à leur histoire. Nombre d'entre eux ont une « ancre », entreprise, laboratoire public ou université de grande taille qui a souvent présidé à la création du *cluster*. Il en va ainsi de l'université Stanford pour la Silicon Valley ou du CEA pour Grenoble (où de grandes entreprises comme STMicroelectronics ont aussi un rôle moteur). Ces grands laboratoires sont une source de création d'entreprises (*spinoffs*), d'idées (universités), et sont souvent un débouché commercial aussi, comme intégrateurs des produits des petites entreprises qu'ils commercialisent ainsi sur les marchés mondiaux (rôle que jouait Nokia en Finlande).

L'agglomération n'est cependant pas sans limites, car elle génère des coûts spécifiques. Il y a des coûts génériques liés à la congestion (accès aux transports, logement, etc.). Les infrastructures communes de recherche ne sauraient être toutes localisées en un seul endroit. Les externalités de savoir sont dépendantes de réseaux de personnes et ne sont donc pas infiniment extensibles.

IV / Innovation, emploi et répartition du revenu

Emploi

La technologie est fréquemment désignée dans le grand public comme une force destructrice d'emplois. Le mouvement ouvrier a une longue tradition de lutte contre la machine (mais aussi une tradition tout aussi longue de « technophilie »). Au début du XIXe siècle, les *luddites* en Grande-Bretagne et les canuts en France détruisaient les métiers à tisser mécaniques que les patrons de l'industrie textile voulaient installer pour les remplacer. Les années 1980 et 1990 ont vu se multiplier les suppressions de postes et les compressions d'emplois, dans les industries sidérurgique ou automobile par exemple, du fait de la modernisation. Le nombre de sidérurgistes en France a été divisé par deux entre 1976 et 1996 alors que le tonnage produit n'a pas changé sensiblement. Dans le contexte de chômage élevé en Europe dans les années 1990, certains auteurs ont annoncé la « fin du travail » [Rifkin, 1997], lequel serait progressivement rendu inutile à la production par l'efficience toujours plus grande de la technologie. À la limite, on s'acheminerait vers un monde entièrement robotisé de production sans travailleurs, rêve (ou cauchemar ?) déjà caressé dans la littérature de science-fiction de la fin du XIXe siècle. Les politiques de « partage du travail » que certains pays, comme la France, ont mises en place reposent peu ou prou sur cette vision : puisque le travail se fait rare, il est injuste que certains en bénéficient plus que d'autres, il faut répartir la pénurie.

Le fondement économique de cette thèse est la « théorie technologique du chômage ». Le premier exposé clair de cette théorie est offert par Ricardo [1819], dans un chapitre tardivement ajouté à ses *Principes* (« On machinery »). Pour un niveau donné de la production, une augmentation de la productivité telle que l'engendre le progrès technique réduit l'emploi disponible. Il en résulte l'augmentation du chômage (ou la réduction du temps de travail). Certes, dit Alfred Sauvy [1979], la machine détruit l'emploi, puisque c'est là son but même ! L'entreprise investit dans les équipements nouveaux pour réduire ses coûts, ce qui implique fréquemment une réduction de l'emploi. Certains économistes [Katsoulakos, 1984] ont proposé un raisonnement plus sophistiqué. L'innovation de procédé, en augmentant la productivité, réduit l'emploi. Mais l'innovation de produit a un effet inverse : les produits nouveaux suscitent une demande nouvelle, qui amène les firmes à accroître leur production et donc à embaucher. Dans ce cadre, les fluctuations du chômage au cours du temps sont vues comme résultant des effets opposés des deux types d'innovations. Les périodes dominées par l'innovation de procédé (comme la période actuelle avec l'informatique et les robots) engendrent mécaniquement le chômage, tandis que celles où domine l'innovation de produit (les « trente glorieuses » avec l'automobile, l'électroménager) engendrent de l'emploi.

L'idée d'une destruction systématique, générale, de l'emploi par la technologie se heurte cependant à une première évidence : la productivité du travail a été multipliée par quinze à vingt dans les pays occidentaux depuis la révolution industrielle, sans que l'emploi (en proportion de la population totale) ait décru de façon sensible. Le « taux d'emploi », qui est le ratio de la population employée à celle qui serait susceptible de l'être (personnes ayant un emploi ou étant au chômage, femmes au foyer, etc.), présente une grande stabilité dans le long terme. Il tend même à croître dans certains pays (États-Unis). Si la productivité avait un impact mécanique, direct sur l'emploi, il ne resterait aujourd'hui que 5 % à 10 % des emplois qui existaient au début du XIXe siècle. Une autre observation va à l'encontre de cette thèse : c'est dans les périodes de plus forte croissance de la productivité du travail (les « trente glorieuses »), ou dans les pays où elle croît le plus vite (Hong Kong, Corée), que se créent le plus d'emplois. Dans les années 1990, c'est dans le pays où les nouvelles technologies se répandent le plus rapidement, les États-Unis, que les emplois sont créés en plus grand nombre (de l'ordre de 2 millions par an entre 1991 et 1998).

La compensation

Au-delà de son apparence de bon sens, la théorie technologique du chômage ignore des mécanismes économiques fondamentaux. Elle postule au moins implicitement que la production, ou son taux de croissance, est fixée, imposée par des contraintes extra-économiques, en tout cas indépendante de la productivité. Elle repose sur le type de raisonnement suivant : « Avec une augmentation de la production de x % et une augmentation de la productivité de y %, *alors* l'emploi croît de $x - y$ %. » Les visions schumpeterienne ou néoclassique de la croissance sont à l'opposé de ce raisonnement. La croissance de la production est endogène, elle dépend dans le long terme de la productivité et de la main-d'œuvre disponible. On raisonnera plutôt de la façon suivante : « Avec une augmentation de la productivité de y % et une augmentation de la population active de z %, *alors* la production croît de $y + z$ %. » Dans ce cadre, le changement technique engendre une augmentation du revenu (due à l'augmentation de la productivité et de la qualité des biens) pour une main-d'œuvre fixée (par les conditions économiques et démographiques), et non une réduction de l'emploi pour un produit fixé.

L'aspect microéconomique de la question est moins intuitif cependant. Il est clair en effet que la technologie détruit des emplois dans certaines entreprises : mais elle en crée tout autant ailleurs. Le mécanisme qui assure la constance ou l'expansion de l'emploi est connu comme l'« effet de compensation » (Ricardo), ou « effet de déversement » (Sauvy). Supposons qu'une entreprise augmente sa productivité grâce à une innovation de procédé. Le gain total engendré par l'innovation se répartit entre trois catégories d'agents. Les consommateurs bénéficient d'une réduction de prix, qui augmente leur revenu réel, et ils augmentent donc leur demande adressée à l'entreprise innovante elle-même ou à d'autres entreprises. Les travailleurs peuvent recevoir une augmentation de salaire du fait de la meilleure santé de l'entreprise, salaire qu'ils dépenseront en biens et services achetés à d'autres firmes (qui créeront donc de l'emploi). Les travaux statistiques montrent que les entreprises innovantes versent des salaires plus élevés que les autres firmes à des travailleurs qui ont un même niveau de qualification [Crépon et Iung, 1998]. Enfin, les actionnaires bénéficieront de l'augmentation des profits et accroîtront comme les salariés leur demande adressée aux autres entreprises. Ainsi, et c'est là le point important, le surcroît de productivité engendre un *revenu*, et donc un surcroît de demande, qui lui est équivalent. Les salariés éventuellement licenciés par l'entreprise innovante (si la demande supplémentaire de ses consommateurs due à sa réduction de prix ne compense pas l'augmentation de productivité) trouveront un emploi dans les firmes auxquelles s'adresse la nouvelle demande, engendrée par l'augmentation des salaires et des profits dans la firme innovante et la réduction de prix dont ont bénéficié les consommateurs. Ainsi, du point de vue microéconomique, le progrès technique aboutit à une réallocation de la main-d'œuvre, l'embauche dans certaines firmes compensant les réductions d'emplois dans d'autres firmes.

Ce même mécanisme est inscrit dans la vision schumpeterienne, bien qu'il y soit présenté différemment. C'est un aspect de la destruction créatrice. Le progrès technique engendre des occasions de profit, donc des opportunités d'investissement qui, lorsqu'elles sont saisies par les entreprises, se transforment en emplois. Certes, les investissements nouveaux dévalorisent les équipements préexistants et les emplois qui leur sont attachés, mais ils en créent tout autant à côté. C'est pour cela que les périodes de plus grande augmentation de la productivité ont aussi été celles où l'emploi a crû le plus vite. Dans ce cadre, c'est plutôt lorsque le progrès technique ralentit, et avec lui l'investissement, que le chômage est à craindre.

Une implication directe de cette vision est qu'il est insuffisant d'évaluer les relations entre technologie et emploi au niveau microéconomique. L'innovation ne crée pas forcément d'emplois là où elle est réalisée. Dans bien des cas, c'est même le contraire. L'entreprise innovante réduira effectivement sa main-d'œuvre. Mais les emplois sont créés ailleurs, et le revenu global en est accru. Ainsi, sur la longue période, l'industrie manufacturière, source de la plupart des innovations, a réduit sa part dans l'emploi global au bénéfice des services, souvent moins innovants. Cela a des implications sur l'évaluation des mesures gouvernementales, qui sont fréquemment jugées selon leur effet *direct* sur l'emploi. On se demande par exemple si les aides distribuées par telle agence publique aux entreprises innovantes ont conduit celles-ci à créer plus d'emplois que celles qui n'ont pas été aidées. Si c'est le cas, on conclut à un succès, et dans le cas inverse à un échec. Un tel raisonnement revient à laisser de côté les effets induits de l'innovation. La firme innovante qui a bénéficié de l'aide peut avoir détruit des emplois, mais elle aura en tout cas créé du revenu, donc de la demande et des emplois *ailleurs*. Inversement, elle peut avoir créé des emplois, mais au détriment de ses concurrentes qui n'ont pas bénéficié de l'aide : auquel cas, le bilan net agrégé, le seul qui soit pertinent pour la puissance publique, peut être moins positif qu'il n'y paraît.

Les conditions de la compensation

Pour que l'effet de compensation fonctionne, il faut que certaines conditions soient réunies. Ces conditions concernent, d'une part, le marché du travail, d'autre part, les marchés des biens et des capitaux. Ce mécanisme requiert un transfert fluide de la main-d'œuvre, du capital et de la demande entre les activités. Un tel transfert s'opère d'autant mieux que les marchés sont efficients, flexibles, c'est-à-dire que les prix s'adaptent et que les barrières à la mobilité sont réduites. Quelles sont les barrières à la réallocation des ressources ?

Regardons d'abord le marché du travail. Le processus de destruction créatrice implique que les travailleurs changent d'emploi au gré de la concurrence entre les entreprises. Cela implique que les entreprises aient une certaine marge pour embaucher ou licencier lorsque la nécessité s'en présente. Si ce n'est pas le cas (ou si c'est trop coûteux, trop long, etc.), alors les firmes qui ont innové ne peuvent traduire leur procédé nouveau en gain de productivité. Concurrencées par d'autres qui ont une main-d'œuvre en quantité adéquate, elles sont conduites à disparaître du marché. Les rigidités sur le marché du travail ont ainsi deux effets directs : la traduction des innovations en gains de productivité est retardée, et les ajustements de la main-d'œuvre sont plus brutaux. Elles ont aussi deux effets indirects, plus dommageables encore car plus durables. Le premier est une désincitation des firmes à embaucher, même lorsque les conditions de la demande s'y prêtent. En effet, si l'on ne peut débaucher, le risque à embaucher est plus grand et l'on ne prend la décision de le faire que lorsque le risque d'un retournement futur de la demande est clairement réduit. Second effet, puisque les firmes embauchent moins, le chômage de longue durée s'installe. Le chômeur est pris dans un cercle vicieux : il a peu de chances de trouver du travail, il est sans emploi plus longtemps, ses capacités se réduisent en conséquence et donc ses chances de trouver un travail, etc. Il a été observé que la différence essentielle entre l'Europe et les

États-Unis du point de vue des flux sur le marché du travail n'est pas tant dans l'ampleur des débauches (licenciements ou démissions) que dans celle des embauches.

La réallocation de la main-d'œuvre peut être freinée également par une inadéquation des qualifications. La destruction créatrice ne concerne pas seulement les technologies, mais aussi les qualifications qui leur sont complémentaires. Le chauffeur a disparu avec la locomotive à vapeur. Les emplois créés font souvent appel à des qualifications différentes de celles des emplois détruits. On ne transforme pas de façon immédiate un sidérurgiste en fin de carrière en informaticien. L'existence d'un système de formation continue puissant est donc nécessaire à la fluidité du processus de réallocation. Il est aussi important que les incitations à la reconversion pour les travailleurs soient suffisantes, notamment en termes de rémunération.

Une analyse en termes de bien-être ne peut cependant s'arrêter à ces considérations. Des travailleurs qui ont réalisé quantité d'investissements spécifiques dans une technologie, dans une entreprise, et qui ont par là contribué à la réussite de celle-ci, voient soudainement ces investissements réduits à néant. C'est parce que des individus acceptent de réaliser ces investissements que l'entreprise peut bénéficier d'une croissance de la productivité. Il est donc justifié, du point de vue de l'efficacité comme de celui de l'équité, que le gouvernement prenne sa part dans les efforts de reconversion de ces travailleurs.

Du côté des marchés des biens, la question des freins à la réallocation de la demande rejoint celle du caractère fixe, contraint, de la production agrégée. Deux types d'arguments sont invoqués pour soutenir que la production est contrainte par la demande. Le premier fait référence à une « saturation des besoins ». Les consommateurs sont maintenant saturés, avec leur logement confortable, leurs deux voitures par famille, leurs téléviseurs, etc. Cette thèse est à rapprocher de l'idée que l'innovation de produit crée l'emploi alors que l'innovation de procédé le détruit. Dans ce cadre, seul un regain de l'innovation de produit pourrait susciter un regain de la demande, comme cela se produisit au lendemain de la guerre avec l'automobile. Les produits nouveaux récents, baladeur ou micro-ordinateur, n'ont pas la taille économique des innovations d'hier, ils ne peuvent prétendre à une place comparable dans la production. L'idée d'une saturation intrinsèque des besoins est cependant inconciliable avec certaines évidences immédiates : l'expansion de la pauvreté dans les pays occidentaux depuis le début des années 1980 implique qu'une fraction croissante de la population connaît une réduction dans la satisfaction de ses besoins. Plus globalement, la diminution tendancielle du taux d'épargne des ménages dans la plupart des pays à partir de la fin des années 1970 signale une volonté d'accroître la consommation dans un contexte de ralentissement du revenu.

Un deuxième argument avance une « saturation des besoins *solvables* », ou plus précisément une saturation de la solvabilité des besoins. Cet argument s'inscrit dans la tradition keynésienne. Il est d'ordre économique et non pas technologique. Le mécanisme de marché est défaillant pour engendrer la demande correspondant aux capacités croissantes de l'offre. L'idée est que les prévisions des entrepreneurs quant à la demande sont autoréalisatrices. Optimistes, ils investissent beaucoup et créent donc le revenu qui engendre la demande attendue ; pessimistes, ils investissent peu et contribuent à plonger l'économie dans la récession. Cet argument est rarement invoqué dans les débats sur le chômage technologique car il concerne plutôt le court terme (bien que le modèle de Harrod en présente une version de long terme). Il est vrai cependant que, lorsque certaines conditions sont remplies, notamment lorsque les marchés sont insuffisamment flexibles, un choc transitoire sur le chômage dû à un accès de pessimisme des entrepreneurs peut avoir des effets durables. Les salariés licenciés voient réduite leur valeur sur le marché du travail et sont enfermés dans un cycle de chômage de longue durée.

Enfin, une troisième source de rigidité dans l'allocation des ressources est à trouver du côté de l'offre. La demande nouvelle ne trouve pas l'offre qui la satisferait, ou alors à des prix qui la limitent. Sur les marchés des biens et services, il peut exister des barrières à l'entrée, notamment d'origine réglementaire. Ainsi, le monopole public sur les télécommunications en Europe a notoirement entravé le développement d'une offre diversifiée de services de communication électronique qui a eu lieu aux États-Unis. De façon générale, lorsqu'une entreprise (publique ou privée) parvient à restreindre la concurrence sur le marché où elle opère, elle accroît ses prix et réduit donc la demande. L'accès aux capitaux est également vital pour construire l'offre de produits nouveaux. Il peut être restreint soit par des réglementations publiques qui réduisent la concurrence (protection de niches bancaires), soit inversement par des mécanismes endogènes au marché dont la correction appellerait une intervention publique (financement de l'innovation dans les petites entreprises).

Paradoxalement, un argument similaire (mais interprété de façon radicalement opposée) se trouve dans la tradition marxiste [Husson, 1995]. La demande existe, mais elle ne concerne pas les biens marchands, ceux pour lesquels les capitalistes peuvent avec profit investir leurs capitaux. Ces biens sont, par exemple, l'éducation et la santé. Pour des raisons intrinsèques, telle l'asymétrie d'information, soit les demandeurs, soit les offreurs refusent de recourir au marché dans ces activités (l'asymétrie informationnelle engendre des problèmes d'antisélection et de risque moral : difficulté pour l'utilisateur de contrôler la qualité de l'offre dans le cas de l'éducation, ou difficulté pour le fournisseur de surveiller l'utilisateur dans le cas des assurances santé). Ces biens ne peuvent être fournis, sauf exception, que par la collectivité à travers des institutions dont le profit n'est pas l'objectif. Alors que la productivité croît dans les secteurs marchands où la demande est saturée, elle stagne dans des secteurs où la demande est potentiellement en expansion. C'est, dans cette optique, l'incapacité des pouvoirs publics à financer ces activités collectives qui explique le blocage de l'offre.

On pourrait reformuler la thèse de la compensation de la façon suivante : si les marchés sont efficaces (prix flexibles, libre entrée), alors l'innovation technologique n'a aucun effet sur le niveau total de l'emploi. Ce n'est donc pas la technologie en soi qu'il faut rendre responsable du chômage mais les obstacles *économiques et institutionnels* à la réallocation de la main-d'œuvre, de l'offre et de la demande. Le changement technique à lui seul n'a pas d'effet sur le niveau agrégé de l'emploi : il ne fait qu'interagir avec les institutions prévalantes. En particulier lorsque le changement technique se fait plus intense, engendrant une plus grande destruction créatrice, une faible flexibilité des marchés aura des effets plus néfastes que lorsque le changement technique est plus lent.

Répartition du revenu

Le changement technique peut modifier la répartition du revenu entre les agents économiques : entre capital et travail, entre travailleurs qualifiés et non qualifiés. En effet, le progrès technique déforme les fonctions de production, affectant l'efficacité relative des différents facteurs et donc leur rémunération.

La notion de base dans ce domaine est celle de « neutralité du progrès technique » ou, présentée symétriquement, celle de

« progrès technique biaisé ». À un niveau très général, on dit du progrès technique qu'il est neutre lorsque, sous certaines conditions, il n'affecte pas la répartition du revenu entre les facteurs de production : entre capital et travail, ou entre travail qualifié et non qualifié. On se centrera d'abord sur le premier cas (capital/travail), qui a donné lieu au développement de la théorie dans les années 1960. Le second cas, qui a remis à l'ordre du jour au début des années 1990 cette notion longtemps occultée, est étudié ensuite.

La question de la neutralité est plus complexe qu'il n'y paraît car, au-delà de déterminants technologiques, elle repose sur le jeu de mécanismes économiques, de prix notamment. En effet, la productivité relative des facteurs (qui détermine leur rémunération) n'est pas fixée par la technologie seulement, mais aussi par les quantités relatives de facteurs utilisées, qui dépendent à leur tour des prix relatifs par le mécanisme de la substitution. Le progrès technique entraîne un déplacement de la fonction de production : l'obtention d'un même niveau de produit exige une quantité moindre de facteurs. Cependant, en se déplaçant, la fonction de production peut aussi se déformer, impliquant un changement dans les quantités de facteurs demandées. La littérature distingue trois types de neutralités : au sens de Hicks, au sens de Harrod et au sens de Solow (qui est la moins usitée et que nous n'étudierons pas ici), qui se distinguent par le choix des trajectoires sur lesquelles le partage du revenu reste constant.

• La *neutralité au sens de Hicks* repose sur la comparaison de la répartition du revenu entre l'ancienne et la nouvelle fonction de production *pour un niveau fixé de capital par tête.* Le progrès technique est dit « neutre » lorsque le rapport de la productivité du travail à celle du capital est inchangé pour un niveau fixé, quelconque, de capital par tête. Le progrès technique « épargne du capital » (respectivement du travail) lorsque la productivité du travail croît plus (respectivement moins) que celle du capital. Algébriquement, un progrès technique neutre au sens de Hicks s'écrit de la façon suivante : $Y = A. f(K, L)$.

Le progrès technique A est isolé de la fonction de production statique, ce qui traduit le fait que, dans un tel cas de neutralité, le progrès technique affecte de façon équivalente travail et capital. Le progrès technique ne fait finalement que « dilater » la fonction de production.

• La *neutralité au sens de Harrod* : la neutralité au sens de Hicks compare deux points ayant la même intensité capitalistique.

Or la plupart des théories de la croissance prévoient une augmentation de cette intensité avec l'accumulation du capital. À l'inverse, Harrod compare *deux points pour lesquels la productivité marginale du capital (le taux de profit) est identique*. Si le taux de profit est constant alors que l'intensité capitalistique augmente, une constance du partage du revenu implique que le progrès technique laisse inchangé le coefficient de capital (ratio capital/produit). Algébriquement, si r (le taux de profit) est constant et si K/L (l'intensité capitalistique) croît, alors la constance de rK/Y (part du capital dans le revenu) implique celle de K/Y (avec $Y = rK + wL$, le revenu global est la somme des revenus des facteurs). La neutralité au sens de Harrod correspond donc à un progrès technique qui laisse inchangée la productivité marginale du capital pour un niveau fixé, quelconque, du coefficient de capital. Le progrès technique « épargne du capital » (respectivement du travail) lorsque la constance de la productivité du capital requiert une réduction (respectivement une augmentation) du coefficient de capital. La neutralité au sens de Harrod se formalise de la façon suivante : $Y = f(K, A.L)$.

Le progrès technique A « augmente le travail » (il est *labour augmenting*). Sur les trajectoires d'équilibre, l'intensité capitalistique sera constante, à la condition de compter le travail en « unités efficaces », ce qui revient à multiplier L par A : le progrès technique assure que la contribution à la production d'une heure de travail croît avec A au cours du temps, donc A est l'étalon de mesure de ces unités efficaces. Le progrès technique neutre au sens de Harrod a ainsi un effet similaire à celui de la croissance démographique (augmentation de L), moyennant simplement un changement d'unité de compte du travail.

Ces deux notions de neutralité ne sont pas exclusives l'une de l'autre. Le progrès technique peut laisser inchangée la répartition du revenu entre travail et capital à la fois dans les conditions fixées par Hicks et dans celles fixées par Harrod. Pour que cela soit possible, il faut que la fonction de production agrégée soit de type Cobb-Douglas, c'est-à-dire : $Y = K^{\alpha}. (A.L)^{1-\alpha}$. L'hypothèse la plus courante dans la littérature est celle d'un progrès technique neutre au sens de Harrod, qui augmente le travail. En effet, puisqu'il y a augmentation du capital par l'investissement, il est nécessaire qu'un mécanisme d'augmentation du travail soit également à l'œuvre pour expliquer la constance approximative de la part des facteurs dans la répartition du revenu : c'est le rôle qui est dans ce cadre assigné au progrès technique. Notons qu'avec l'intégration de la notion de capital humain dans la théorie économique la neutralité au sens de Harrod perd de son caractère obligatoire, puisque le travail devient lui-même un facteur accumulable.

Une notion problématique

La neutralité s'impose logiquement comme condition de la croissance régulière dans le long terme (une diminution permanente de la part d'un facteur dans le revenu n'est pas soutenable sur une longue période et ne correspond pas à l'évidence historique) ; elle n'est en revanche pas nécessaire sur des périodes plus courtes, où l'on peut envisager des fluctuations du partage du revenu dues au changement technique.

La neutralité est une notion d'équilibre général, elle n'a de sens qu'au niveau macroéconomique. En effet, le prix des facteurs n'est pas fixé par une technologie particulière mais par l'équilibre des marchés du travail et du capital, sur lesquels influent tous les agents quelle que soit la technologie qu'ils utilisent. Supposons une innovation qui augmente au niveau agrégé l'efficacité du capital (*capital augmenting*). Va-t-elle entraîner une augmentation de la rémunération du capital ? La réponse dépend de la résultante de deux effets de sens contraire. D'une part, si le capital voit son efficacité croître par rapport au travail, il peut faire l'objet d'une plus grande demande relativement au travail à prix donné. Son prix tend donc à augmenter. D'autre part, si le capital est plus efficace, alors il peut être employé en moins grande quantité pour un même produit et une même quantité de travail. Étant moins demandé, son prix d'équilibre tend à baisser. La résultante de ces deux effets dépend à son tour du degré de substitution entre les facteurs. Rappelons qu'on appelle « élasticité de substitution » entre deux facteurs ou entre deux biens l'effet d'un changement de prix relatif sur les quantités relatives échangées à l'équilibre. Si les facteurs sont très substituables, alors le capital se substitue au travail du fait de sa plus grande efficacité, le premier effet l'emporte. S'ils sont complémentaires, l'efficacité accrue du capital suscite une augmentation de la demande relative de travail, le second effet l'emporte.

L'étroite imbrication de ces deux effets, biais éventuel du progrès technique et substituabilité entre les facteurs, rend très difficile leur identification par des travaux quantitatifs et économétriques. De plus, la nécessité de placer l'analyse dans un cadre agrégé (équilibre général) interdit de généraliser les résultats de travaux monographiques (étude d'une technique particulière). Dans ces conditions, le support empirique de la notion de biais technologique est intrinsèquement faible.

Changement technique et inégalités de salaires

Les débats sur le biais du progrès technique ont repris au début des années 1990, du fait cette fois de l'écart grandissant entre la rémunération des travailleurs qualifiés et celle des non-qualifiés, aux États-Unis notamment (voir encadré p. 89). Les facteurs de production pris en compte ne sont donc plus le travail et le capital, mais le travail qualifié et le travail non qualifié, et les mécanismes économiques invoqués sont cependant similaires. La question qui se pose à nouveau est celle de l'insertion de la technologie dans les fonctions de production. Si certains auteurs se réfèrent toujours à la notion de biais, d'autres en revanche lui préfèrent celle de complémentarité, plus faible et plus générale. La complémentarité signifie que la diminution du prix de la technologie (ou l'augmentation de sa qualité) entraîne une hausse de la demande de travailleurs qualifiés. En particulier, l'augmentation du capital humain moyen par tête (de même que celle du capital physique par tête), une tendance largement documentée sur les deux derniers siècles, est compatible avec l'existence d'une complémentarité entre technologie et qualification sans impliquer de biais du progrès technique.

La plupart des études empiriques montrent effectivement une complémentarité entre technologie et capital humain : le progrès technique est *skilled labour augmenting*, il accroît la demande de qualification. Cela peut renvoyer à l'idée intuitive selon laquelle l'utilisation d'équipements plus complexes exige une plus grande qualification, notamment pour la conception et la maintenance. De façon indirecte, le progrès technique, en accroissant la quantité de biens produite, augmente aussi l'importance et la complexité des tâches de gestion (gestion des entreprises, secteur financier, gestion publique), qui font appel essentiellement à des travailleurs qualifiés. Cette tendance générale n'est pas incompatible avec des épisodes, localisés dans le temps et dans certaines industries, de déqualification du travail. L'observation de tels épisodes, notamment dans l'industrie automobile avec la diffusion de la chaîne de montage dans l'entre-deux-guerres, a servi de base à la thèse du progrès technique déqualifiant, avancée notamment par Braverman [1974] et les radicaux américains.

L'augmentation des inégalités s'explique-t-elle par les nouvelles technologies ?

Les inégalités sociales, et notamment de revenu, ont augmenté dans les pays développés depuis les années 1980. La première manifestation en a été l'augmentation de l'écart de salaire entre travailleurs qualifiés et non qualifiés. L'abondante littérature consacrée à ce phénomène dans les années 1990 en a conclu à la double responsabilité de la globalisation d'une part (les emplois industriels non qualifiés ayant été transférés vers la Chine essentiellement, réduisant donc la demande pour ce type de travail dans les économies développées) et d'un biais technologique d'autre part (les technologies nouvelles, notamment les TIC, sont complémentaires du travail qualifié, dont elles accroissent la demande par rapport à celle du travail non qualifié). Ces explications ne peuvent cependant rendre compte de l'ensemble du phénomène, et notamment de sa manifestation maintenant la plus spectaculaire, qui est l'accroissement de la part du « top 1 % » (les 1 % les plus riches) dans le revenu total. La source de revenu principale de la plupart des « top 1 % » est liée au capital (notamment des revenus financiers) et ne peut donc être directement attribuée à des facteurs impliquant seulement une redistribution entre salariés. Une description approfondie et une analyse des « top 1 % » est fournie par Thomas Picketty [2013] dans son livre *Le Capital au XXIe siècle*. Sa thèse est que le ralentissement de la croissance en est la source principale. L'équation : $g<r$ nous dit que lorsque le taux de croissance de l'économie (g) est inférieur au taux de rendement du capital (r), alors la part des détenteurs de capital au sein du revenu total s'accroît. En effet, ce revenu augmente au taux r alors que le revenu total augmente au taux g. Puisque la croissance de l'économie découle positivement de l'innovation, on peut en déduire que les périodes d'inégalités croissantes sont aussi des périodes d'innovation lente. Une analyse opposée est proposée par Paunov et Guellec [2017]. Ils soulignent que les TIC, du fait de leur caractère immatériel (non rival), tendent à favoriser la concentration sur les marchés (*winner takes all*), source de rentes qui accroissent le revenu des détenteurs d'actions et des salariés des entreprises bénéficiaires (qui sont pour beaucoup très qualifiés). Une analyse économétrique montre que la part des « top 1 % » s'est plus accrue dans les États américains où l'activité innovante est la plus développée [Aghion *et al.*, 2015].

Cette complémentarité n'engendre pas forcément une diminution du salaire relatif des non-qualifiés, car le capital humain, comme le capital physique, s'accumule en réponse à la demande. Si l'accumulation est suffisamment rapide, alors les salaires relatifs sont constants, mais la proportion de qualifiés dans la population employée augmente. On constate dans la longue période une augmentation de la part des qualifiés par rapport à celle des non-qualifiés dans le revenu total. Elle est due à l'augmentation de la part des qualifiés dans la population active et non à un changement du salaire relatif. Le fait que le revenu relatif des qualifiés augmente par rapport à celui des non-qualifiés est plus récent : la tendance était même inverse depuis la Seconde Guerre mondiale jusqu'à la fin des années 1970 ou le milieu des années 1980 selon les pays. De plus, cette tendance semble cantonnée aux pays anglo-saxons. On constate en Europe continentale un taux de chômage plus élevé pour les non-qualifiés, qui peut être interprété comme manifestant une diminution du salaire d'équilibre qui aurait été censurée par l'existence de salaires minimaux.

Le changement technique peut engendrer une demande supplémentaire de travail qualifié non pas à cause des techniques concernées, mais par le fait même que les techniques changent. La firme a besoin d'adapter une technologie qu'elle ne connaît pas, d'apprendre à s'en servir, à l'insérer dans l'ensemble de ses activités. Pour ce faire, elle mobilisera temporairement plus de travail qualifié, dont une partie n'est plus nécessaire ensuite, lorsque la technologie nouvelle devient plus routinière, que ses propriétés sont connues et ont été bien adaptées [Bartel et Lichtenberg, 1987].

Comme il prend la forme de destruction créatrice, le progrès technique entraîne des chocs dans la répartition du revenu entre les travailleurs de différentes qualifications de façon similaire à la redistribution qu'il opère entre les propriétaires de capitaux en concurrence. Nombre de qualifications sont attachées (complémentaires) à des technologies particulières. Le souffleur de verre ou le programmeur en langage Cobol n'ont de connaissances valorisées par le marché qu'en relation avec une certaine technologie. Tandis que la technologie nouvelle remplace l'ancienne, les qualifications qui vont avec celle-ci sont également dévalorisées. Les souffleurs de verre ont été déclassés avec la diffusion au début du XXe siècle des machines automatiques, qui faisaient appel à des qualifications nouvelles (techniciens de maintenance) ; les programmeurs en Cobol sont amenés à se reconvertir dans des langages plus récents.

V / Les politiques d'innovation

Les justifications et les limites de l'intervention publique en matière d'innovation

Dans la vision néoclassique, lorsque le marché ne délivre pas les résultats que la collectivité estime désirables, il y a potentiellement la place pour une intervention publique. La politique du gouvernement, représentant l'intérêt collectif, va permettre le dépassement des purs intérêts individuels qui sont agrégés par le marché. Dans le domaine de la technologie, le marché ne permet pas la prise en compte par les agents privés de tous les effets de leurs actions sur la société. Cela se manifeste en particulier par les externalités liées au savoir. Un agent ne peut, en général, s'approprier tous les bénéfices associés à son invention : d'autres agents pourront utiliser le savoir nouveau qu'il a produit pour réaliser à leur tour des inventions, sources pour eux de bénéfices, sans rémunérer l'inventeur initial (rémunère-t-on aujourd'hui l'inventeur de la roue ?). Ainsi, le rendement privé de la recherche peut être inférieur à son rendement social. En conséquence, les agents peuvent sous-investir en recherche, se cantonnant aux projets qui ont un rendement privé suffisant, alors que d'autres projets auraient un rendement social élevé mais ont un rendement privé trop faible. La mission de l'État dans un tel cadre est de faire en sorte que l'investissement en recherche soit à la mesure du rendement social de cette activité, soit plus que le niveau atteint à l'équilibre décentralisé qui est fondé sur le rendement privé. L'État dispose pour cela d'une riche palette d'outils : il peut investir lui-même dans un système de recherche publique, comblant directement le déficit en recherche ; il peut encourager les firmes à investir en augmentant le rendement privé, à travers des subventions, des avantages fiscaux ou autres ; il peut tenter de limiter les imperfections des marchés en modifiant le contexte institutionnel dans lequel les agents opèrent (politique de concurrence, législation des brevets, régulation des marchés financiers).

L'argument « bien public » a été avancé par Arrow en 1962. Il vise plus particulièrement la recherche de base : c'est là que le rendement privé est sans doute le plus faible (l'appropriation privée des résultats fondamentaux est très limitée, et leurs applications économiques directes sont souvent marginales), alors que le rendement social est élevé (les connaissances de base se diffusent dans des applications lointaines, mais nombreuses, en aval).

À cet argument traditionnel en faveur de l'intervention publique s'ajoute celui du risque. L'activité inventive est souvent trop risquée pour que des investisseurs privés s'y engagent. Cet argument s'applique essentiellement lorsque les firmes sont soumises à une contrainte de liquidité, ou lorsqu'elles doivent trouver des financements externes. Dans le premier cas, un échec dans un projet présent ne pourra être compensé par un succès dans un projet futur, puisque la firme aura disparu entre-temps (n'ayant pas les liquidités pour survivre à son échec, la firme fait faillite, l'échec est irréversible). Dans le second cas, l'investisseur externe est sujet à une asymétrie informationnelle : il ne connaît pas aussi bien que l'entrepreneur la valeur du projet innovant, et il risque donc de se voir offrir les mauvais projets, ou de ne pas capter toute la part qu'il escomptait en cas de réussite (par exemple, par des manipulations d'information ou par des formulations ambiguës dans le contrat de financement). Cela est aggravé pour la recherche par rapport aux autres formes d'investissement par le fait que l'entreprise ne peut offrir de « collatéral », c'est-à-dire un actif qui en cas d'échec échoira au créancier (un projet de recherche interrompu n'est pas un actif vendable). Dans les deux cas, ce sont essentiellement les entreprises, petites ou nouvelles, qui sont concernées, car les grandes mènent de nombreux projets en parallèle (elles n'ont pas tous leurs œufs dans le même panier et sont donc moins exposées au risque), elles ont une liquidité plus abondante (trésorerie, accès aux marchés financiers) et, en général, elles ont les moyens de financer en interne leur recherche.

À ces motivations économiques, il faut ajouter l'objectif de produire des biens publics non économiques : les biens publics comme la santé, l'environnement ou la défense sont largement financés par la collectivité, et la recherche pour les technologies nouvelles y occupe une part considérable ; la recherche de base peut être valorisée directement pour les connaissances qu'elle produit, sa contribution au patrimoine culturel de l'humanité (notamment dans des domaines comme l'archéologie ou la cosmologie). Cela n'exclut pas que ces recherches aient aussi des impacts économiques, mais ceux-ci n'en constituent normalement pas la motivation première.

Ce schéma de l'intervention publique a l'avantage de la clarté conceptuelle. Il mérite cependant d'être interrogé, de deux points de vue complémentaires : d'une part, la description des institutions sur laquelle il repose est extrêmement réductrice. L'État (ou le « planificateur social ») est tout-puissant et bienveillant, le marché est de concurrence parfaite, il agrège les choix d'agents qui s'ignorent mutuellement et n'observent que les prix. D'autre part, la description de la connaissance est simplificatrice. L'hypothèse est que la connaissance est un bien public parfait, accessible à tous dès lors qu'elle est produite, et cela indépendamment de la volonté de son producteur, elle circule parfaitement. La relativisation de ces hypothèses fournit un éclairage complémentaire des modalités de l'intervention publique.

Les limites de l'intervention publique

L'État n'est pas seulement cette puissance bienveillante que postule la théorie. D'abord parce qu'il n'est pas tout-puissant, ensuite parce qu'il n'est pas toujours bienveillant. Les limites à la puissance de l'État proviennent notamment de problèmes informationnels. Si l'État doit remédier aux externalités, il faut qu'il soit capable de les identifier et de contrôler que les agents qui bénéficient de son intervention remplissent bien leur part du contrat... Identifier des externalités de connaissance n'est pas chose facile en l'absence d'instruments de mesure adéquats. Comment mesurer les bénéfices que la société retire d'un certain projet de recherche ? Certes, les participants sauront aligner les arguments attractifs, mais ils sont évidemment intéressés à la décision. Il y a situation d'asymétrie informationnelle, similaire à celle à laquelle font face les investisseurs privés lorsqu'ils doivent estimer le rendement privé d'un projet qui leur est proposé.

Si l'État est impliqué directement dans un projet, la situation n'est pas forcément plus simple, et l'on rejoint là la seconde question : dans quelle mesure l'État représente-t-il l'intérêt collectif ? En effet, l'État réellement agissant est une collection d'administrations, d'agences et d'individus dont les intérêts ne sont pas forcément alignés sur ceux de la société dans son ensemble. Est-on certain que les projets choisis par les chercheurs du secteur public correspondent aux intérêts de la nation ? Plus globalement, le choix des grands projets à financer et des orientations générales de la politique publique de recherche résulte de débats entre des intérêts concurrents, au sein même de la sphère publique et au-delà. Il peut s'agir de ceux des firmes qui bénéficieront des financements, ou de ceux d'élus locaux qui attendent des emplois dans leur circonscription, ou de ceux d'administrations qui luttent pour élargir leur domaine de compétence. Au total, il existe des « défaillances du gouvernement » comme il existe des défaillances du marché. L'existence de ces défaillances doit cependant inciter à la prudence dans l'action publique. Il vaut mieux dans certains cas laisser fonctionner des marchés défaillants plutôt que d'y investir des ressources publiques ou d'y ajouter des réglementations complexes, avec le risque d'aggraver le problème posé ou de créer, à côté, de nouvelles distorsions.

Une intervention systématique de l'État est d'autant moins nécessaire qu'il arrive fréquemment que des défaillances de marché soient réduites par les participants eux-mêmes, sans intervention extérieure. Le marché ou, si l'on veut, les interactions entre firmes, sont plus riches que la représentation qui en est donnée par l'idéal de la concurrence parfaite. Par exemple, des firmes mettent en place des projets de recherche en coopération qui leur permettent d'internaliser les externalités. Dans le secteur de l'électronique, les grandes firmes procèdent systématiquement à des échanges croisés de licences, qui donnent à chacune un accès aisé au portefeuille technologique des autres. Cela réduit les incessantes querelles d'antériorité qui ne manqueraient pas de se déclarer dans une industrie où le rythme d'innovation est particulièrement rapide. Le nom de « coopétition » a été donné à ces formes de relation par les participants eux-mêmes, traduisant la présence à la fois de coopération et d'une compétition intense, en recherche comme sur les marchés. Des arrangements institutionnels peuvent émerger de façon décentralisée, à condition qu'ils soient soutenus par un intérêt de la part des participants à les respecter : la possibilité d'exercer des représailles contre les

« tricheurs » est une condition nécessaire à la viabilité de tels arrangements, qui ne sont donc pas généralisables [Guellec, 1995].

Élever le rendement social de la recherche

Le schéma précédent repose sur une vision également naïve des externalités de connaissance. La circulation de l'information technologique, qui est le vecteur des externalités de connaissance, n'est pas une donnée purement technique, extérieure au système économique, qui s'imposerait à tous les agents [Cohendet *et al.*, 1998]. Elle dépend de l'environnement institutionnel dans lequel elle se déroule et des comportements des agents [Amable *et al.*, 1997]. Un inventeur a souvent la possibilité de limiter la diffusion d'une partie du savoir qu'il a produit. Mieux, sans qu'un savoir soit volontairement dissimulé, son existence peut être simplement ignorée d'un agent à qui il serait utile, et qui n'ira donc pas le chercher. Cela conduit à la conclusion que le rendement social de l'innovation n'est pas une donnée d'ordre purement technique. Alors que, dans le schéma traditionnel, l'objectif de l'État est de rapprocher le rendement privé de la recherche de son rendement social, la prise en compte de la non-automaticité de la circulation de la connaissance conduit à le compléter par l'objectif d'élever le rendement social. La politique publique doit viser à faciliter la circulation de la connaissance, en fournissant les incitations aux inventeurs pour qu'ils divulguent leurs découvertes (brevets), en construisant des infrastructures pour cette circulation (revues, forums), et en promouvant les transferts de connaissances du secteur public de la recherche vers le secteur privé. David et Foray [1995] proposent la notion de « capacité de diffusion », comme indicateur des performances de l'État et des autres institutions concernées dans ce domaine. Toute la difficulté pour le gouvernement est de concilier une élévation du rendement social de la recherche avec un maintien ou une élévation du rendement privé, puisqu'une plus grande circulation de la connaissance peut entraîner une moindre appropriation par les inventeurs. On s'éloigne ainsi de la vision néoclassique, dans laquelle le taux de rendement social est une donnée, extérieure au problème. Ici, la politique de l'État ne vise plus seulement à faire en sorte que les firmes internalisent les externalités en approchant le rendement privé du rendement social, mais aussi à élever celui-ci par l'amélioration des institutions qui le sous-tendent.

L'intervention de l'État dans la recherche ne se borne pas à pallier les défaillances de marché. L'État est également un consommateur de technologie, en matière de défense, de santé, d'environnement ou pour satisfaire d'autres besoins sociétaux, lesquels ont connu une forte croissance dans les années 1990. Il est souvent difficile de séparer les besoins de l'État de ceux du marché, du fait de la polyvalence de nombreuses techniques : une technologie mise au point pour un avion militaire, et donc payée par l'État, peut pour partie être utilisée sur un avion civil. Ainsi les politiques d'achat public sont-elles un autre moyen d'intervention sur le marché. C'est un objet de litiges internationaux récurrents que de savoir dans quelle mesure les gouvernements utilisent les commandes publiques comme biais de subventionnement (caché) de la recherche privée, notamment dans le cas de l'aéronautique (Boeing contre Airbus).

La politique de recherche et d'innovation vise différents objectifs interconnectés (favoriser la croissance, l'innovation, l'entrepreneuriat, accroître la R&D privée, produire des biens publics comme la santé) et elle peut utiliser pour cela un ensemble diversifié d'instruments, dont les principaux sont : la recherche publique (laboratoires publics, universités) ; les financements directs (subventions) ; les financements indirects (crédits d'impôt) ; les infrastructures (physiques ou institutionnelles) ; les réglementations ; la propriété intellectuelle. Chaque instrument peut être plus ou moins approprié pour un certain objectif, pour certains acteurs (différents types d'entreprises par exemple) ou certaines circonstances (structure de marché). Il est fréquent que, pour un objectif donné, plusieurs instruments soient mobilisés : par exemple, le soutien aux jeunes entreprises innovantes (objectif) implique presque tous les instruments cités. Les instruments peuvent aussi interagir de manière non voulue par le décideur, qu'ils soient complémentaires ou antagonistes (certaines réglementations sont clairement plus coûteuses à respecter pour les petites entreprises que pour les grandes, alors même que les petites sont soutenues par d'autres politiques). Il faut aussi prendre en compte le fait que des politiques qui *a priori* ne visent pas l'innovation peuvent cependant l'affecter directement, en positif ou en négatif : les politiques fiscales, d'éducation, etc. Cet ensemble d'objectifs et d'instruments variés et interagissant est appelé le *policy mix*. Le *policy mix* pour l'innovation est très complexe du fait même de cette variété et de ces interactions entre ses composantes. L'analyse des instruments ou des objectifs individuels ne peut se faire de façon totalement séparée, la dimension systémique doit être prise en compte.

Dans le cas de la France [OCDE, 2014a], ce *policy mix* apparaît comme particulièrement complexe car issu de vagues politiques successives qui se sont accumulées au cours du temps, les mesures nouvelles tendant à s'ajouter plutôt qu'à se substituer aux précédentes. Par exemple, dans le domaine des transferts de technologie de la recherche publique vers les entreprises, plus d'une vingtaine de dispositifs indépendants les uns des autres ont été recensés. Cette diversité est la réponse à des besoins différents, mais elle signifie aussi des lourdeurs et des conflits entre administrations, une opacité pour les utilisateurs et une impossibilité d'évaluation d'ensemble.

La recherche publique

L'État peut lui-même exécuter la recherche en finançant des organismes publics de recherche et des universités. Cela s'applique d'abord à la recherche fondamentale, dont l'objet est l'élargissement des connaissances. N'ayant pas de résultat économique immédiat, ces recherches ne peuvent trouver de financement privé, alors même que la collectivité peut les juger utiles. Cela s'applique à des pans entiers des sciences humaines (philologie, anthropologie, théorie économique), mais aussi à la recherche de base dans certaines sciences dures (astronomie, mathématiques). Si l'État ne le fait pas, qui le fera ? Ce sont des mécènes qui ont financé nombre de recherches fondamentales jusqu'au XIXe siècle, souvent même autofinancé dans le cas de riches passionnés de science (Lavoisier). C'est d'abord après la Première Guerre mondiale, et surtout au lendemain de la Seconde Guerre mondiale, que se met en place un système public de recherche fondamentale : aux États-Unis avec la NSF (National Science Foundation, 1945) ou en France avec le CNRS (Centre national de la recherche scientifique, 1938). La visée est moins l'« honneur de l'esprit humain » que le développement de connaissances « qui pourront éventuellement servir ». En effet, dans la vision linéaire du processus d'innovation, la recherche de base a une fonction d'éclaireur, de poisson pilote. Dressant la carte des connaissances, elle détecte les voies possibles d'avancée et identifie les impasses.

La Seconde Guerre mondiale a montré l'importance de la technologie pour la guerre, incitant les États à y investir massivement. Dans un discours célèbre prononcé en 1945, « Science, the Endless Frontier », Vannevar Bush, président du MIT (Massachusetts Institute of Technology) et fondateur de la NSF, présente cette légitimation. L'« honneur de l'esprit humain » peut aussi être celui des nations : la course à la Lune dans les années 1960 a été une affaire de prestige plus que de science pure, visant à démontrer la supériorité des États-Unis dans une activité aussi coûteuse que vaine (les retombées technologiques vers l'industrie ont été microscopiques au regard des dépenses engagées). Le système public de recherche a également visé à satisfaire des besoins collectifs d'un coût ou d'un risque trop élevé pour des investisseurs, ou considérés comme stratégiques malgré leur dimension civile (énergie nucléaire, informatique en France). Une dernière fonction reconnue à la recherche de base est de former des chercheurs qui iront ensuite exercer dans les entreprises. C'est un complément de formation, qui permet aux étudiants de se pénétrer des connaissances de base d'un domaine et d'acquérir la démarche spécifique de recherche. Au total, malgré les prescriptions de la théorie économique, la recherche fondamentale ne représente qu'une part minoritaire des dépenses publiques de recherche (aux alentours de 30 % dans la plupart des pays de l'OCDE à la fin des années 2000).

Certains auteurs ont remis en question la légitimité de l'effort public de recherche [Kealey, 1996]. Si le seul objet est l'avancée de la connaissance, alors il ne faut pas faire payer ceux qui ne s'y intéressent pas (sans doute la majorité des contribuables). Il faut donc revenir au mécénat, au financement libre de la recherche par des donateurs volontaires. Il est vrai que ce modèle n'a jamais disparu totalement, notamment aux États-Unis, où les dons privés aux universités et le financement de fondations sont des pratiques anciennes (Carnegie ou Rockefeller au début du XXe siècle) qui ont connu depuis les années 2000 un fort regain, poussé par les milliardaires issus des TIC (Paul Allen, Bill Gates, etc.). Au-delà de sa réelle utilité, un tel modèle est-il généralisable ? Cela est douteux. D'une part, les sommes mobilisées par la recherche fondamentale sont sans commune mesure avec les capacités de financement privé (le budget en 2016 du CNRS est de 3,3 milliards d'euros) ;

d'autre part, il n'est pas certain que l'intérêt des donateurs coïncide toujours avec celui de la société. Comme les pharaons bâtissant des pyramides, les grands donateurs cherchent à voir leur nom glorifié pour l'éternité. Des domaines entiers de connaissance, peu spectaculaires ou peu prestigieux, risqueraient alors d'être abandonnés, tandis que d'autres capteraient l'essentiel des fonds.

Le secteur public de la recherche fondamentale est organisé selon deux logiques différentes, que l'on retrouve à différents dosages dans tous les pays. Premièrement, une logique d'organismes : des instituts spécialisés (le CNRS en France) reçoivent une dotation budgétaire et choisissent eux-mêmes leurs thèmes de recherche, donnant ainsi aux chercheurs une latitude significative pour leurs propres choix. Deuxièmement, une logique d'appels d'offres. Dans ce modèle (exemplifié par la National Science Foundation aux États-Unis, ou par l'Agence nationale de la recherche — ANR — créée en 2007 en France), les équipes de recherche répondent à des appels d'offres, thématiques ou « blancs », et leurs projets sont évalués *ex ante* par des jurys de pairs ; ils sont ou non financés selon cette évaluation. Ce système permet un pilotage plus serré de la recherche par l'État, en termes d'orientations thématiques et de qualité. Il tend peu à peu à s'étendre en France, où le premier mécanisme était traditionnellement dominant. L'ANR avait à la fin des années 2000 une capacité d'intervention annuelle de l'ordre d'1 milliard d'euros.

Un problème particulier se pose à la recherche publique, celui de l'évaluation. En l'absence de la sanction du marché, qui par définition ne s'applique pas ici, comment mesurer les résultats des chercheurs, et donc comment les inciter à l'effort ? La communauté scientifique a bâti au cours du temps un système d'évaluation et d'incitation extrêmement sophistiqué [Dasgupta et David, 1994]. Le fondement en est la revue par les pairs. Ce sont les pairs (rapporteurs) qui choisissent de publier ou non un article, qui le citent ou non dans leurs propres travaux subséquents, qui influent sur la répartition des crédits de recherche entre projets concurrents, qui attribuent les nombreux prix scientifiques, dont le plus prestigieux, le prix Nobel. À l'opposé du système de récompense de la recherche technologique, qui valorise l'appropriation privée de la connaissance (par le brevet par exemple), celui de la recherche scientifique valorise la divulgation. C'est seulement en partageant ses résultats, à des fins de vérification et d'utilisation ultérieure, que le scientifique se fait connaître. Ce système a clairement des limites (manipulation stratégique, réseaux d'influence, tendance au conservatisme), mais il donne globalement de bons résultats.

La création du HCERES (Haut Conseil d'évaluation de la recherche et de l'enseignement supérieur) en 2006 en France vise à répondre au besoin d'évaluation de la recherche publique.

Une difficulté supplémentaire pour tracer la frontière entre ce que l'État, d'une part, et ce que les entreprises, d'autre part, devraient faire est le flou de la distinction entre recherche fondamentale (science) et recherche appliquée (technologie). Il apparaît qu'au cours des dernières décennies la frontière entre science et technologie s'est brouillée (ce qui ne signifie pas qu'auparavant elle était parfaitement définie). Des découvertes fondamentales dans le domaine de la génétique ou des mathématiques peuvent résulter en quelques années seulement en des produits très rentables, vaccins ou logiciels. Inversement, des recherches appliquées peuvent aboutir à des découvertes fondamentales, tels les supraconducteurs au milieu des années 1980 par des chercheurs d'IBM.

Dans ce contexte, valoriser la recherche fondamentale publique en lui ouvrant des débouchés industriels, tout en respectant la mission d'élargissement des connaissances de ce secteur, est un défi important posé aux gouvernements. Il existe dans la plupart des pays développés des organismes et des mécanismes ayant pour objet de diffuser les résultats de la recherche publique, à mettre les compétences de celle-ci en contact avec les problèmes posés à des entreprises. L'encouragement à la prise de brevets sur les inventions issues de la recherche publique vise à amplifier la commercialisation (des mesures en ce sens ont été prises dans tous les pays). Les partenariats de recherche entre secteur public et entreprises visent à exploiter les complémentarités entre ces deux mondes. C'est la mission en France du « réseau Carnot », qui rassemble de nombreux instituts de la recherche publique et vise à les aider, administrativement et financièrement, dans leurs partenariats avec les entreprises.

Les commandes publiques

L'État est lui-même utilisateur de science et de technologie. Dans ses activités de défense, d'exploration spatiale, mais aussi au titre de gardien de l'environnement, et dans certains pays en tant que producteur de biens et services (énergie, aéronautique). Une partie de ces besoins est satisfaite par les laboratoires publics (Commissariat à l'énergie atomique en France, National Laboratories aux États-Unis), mais une autre partie est achetée à l'industrie. Ainsi, des firmes privées font travailler leurs laboratoires sur des commandes publiques. Dassault en France ou Boeing aux États-Unis en sont des exemples emblématiques. Cette composante de la recherche a été très importante dans l'après-guerre, jusqu'à la fin de la guerre froide. Avec le déclin des besoins liés à la défense, les activités publiques de recherche et les commandes publiques dans ce domaine se sont effondrées à partir du début des années 1990. Le relais est pris progressivement à partir du milieu des années 2000 par des commandes publiques liées à l'environnement (notamment les énergies renouvelables).

Pourquoi l'État choisit-il dans certains cas de faire faire plutôt que de faire lui-même ? Une première raison est l'existence de compétences spécifiques dans telle ou telle entreprise, qui peuvent être utilement mobilisées pour répondre à certains besoins publics. Ensuite, le caractère ponctuel de certaines commandes peut justifier le recours au marché plutôt que la construction de capacités en interne, qui auront forcément un certain degré de permanence. Ensuite, l'appel aux entreprises peut permettre, par le jeu de la concurrence, de réduire le coût (à l'opposé, le laboratoire public est comme un monopole face au commanditaire). Enfin, la commande publique peut être utilisée comme un levier de politique technologique. L'État est le premier client d'un produit, qu'il permet ainsi à la firme de mettre au point avant de le lancer sur le marché concurrentiel (amortissement des dépenses de recherche, réduction du risque). L'État peut espérer contribuer à la construction de compétences internes à l'entreprise, qui seront utiles à celle-ci dans ses autres activités (ces *spillovers* sont, selon Bach *et al.* [1992], l'un des principaux résultats de la politique de l'ESA, l'Agence spatiale européenne).

Ce type d'instrument présente cependant deux dangers pour la politique d'innovation. D'une part, il conduit en général à favoriser les grandes firmes au détriment des petites. Les grandes firmes ont un accès plus facile aux grands donneurs d'ordre publics, une meilleure connaissance des circuits souvent complexes. Il y a donc une distorsion créée par le gouvernement au profit des grandes entreprises. Afin de limiter cela, des règles d'accès spécifiques aux PME ont été adoptées dans certains pays (l'Union européenne a adopté en 2008 un *Small Business Act*). D'autre part, le danger est d'infléchir les comportements, voire les compétences des entreprises « abonnées ». Les exigences des marchés publics, notamment de défense, sont très différentes de celles des marchés concurrentiels. Le coût et les délais comptent moins, ils sont généralement sacrifiés à la qualité, voire à la création de rente (ces marchés étant souvent captifs). Les entreprises abonnées aux marchés publics risquent de perdre leur capacité à s'affronter à des marchés concurrentiels. Ce syndrome de l'abonnement est l'un des traits traditionnels du système français de recherche [Guillaume, 1998].

Les crédits incitatifs

L'État peut fournir des financements aux entreprises sans contrepartie directe pour lui-même, avec la justification que les bénéfices sociaux de l'innovation subséquente compenseront le coût de l'opération. L'idée est de réduire le coût de la recherche pour l'entreprise, donc d'en accroître le rendement privé. Ces financements peuvent être des subventions : il existe en France de nombreux programmes de ce type (notamment le *Programme d'investissement d'avenir*, PIA), ainsi qu'en Europe (*Eurêka*, programmes-cadres de la Commission européenne) et aux États-Unis (ATP, *Advanced Technology Program*). Plutôt que des subventions, l'État peut distribuer aux entreprises innovantes des prêts à des conditions favorables. En France, la BPI (Banque publique d'investissement) distribue ce type de crédit, pour près de 400 millions d'euros en 2016. Les petites entreprises sont les premières visées, mais le champ s'est progressivement étendu aux entreprises de taille intermédiaire (jusqu'à 5 000 salariés). La BPI coopère étroitement avec les autorités régionales. Ces prêts sont à taux zéro, et ils sont remboursables uniquement en cas de succès du projet. Le résultat est donc une réduction de la part assumée par l'entreprise dans le risque associé à l'innovation (si la recherche échoue, l'entreprise n'en paie pas la totalité du coût). Ainsi, les subventions conviennent mieux aux projets de recherche en amont, où les externalités sont grandes et le rendement privé faible, alors que les avances remboursables sont plus adaptées aux projets en aval, réalisés par des petites entreprises, où le problème principal est celui du risque.

Une première critique adressée à ces programmes est que l'État se substitue pour partie au marché dans la sélection des technologies. Il aide certains projets, qu'il favorise au détriment de leurs concurrents effectifs ou potentiels. Dans ce rôle de *picking winners* (« choix des vainqueurs »), il n'est pas certain que l'État soit toujours plus efficient que le marché (les administrations n'ont pas forcément les informations pertinentes, elles peuvent éventuellement être manipulées par les entreprises bénéficiaires). Une seconde critique est celle de l'« effet d'aubaine » : les entreprises font subventionner par l'État des projets qu'elles auraient de toute façon réalisés, ce qui annule l'effet de levier (montant de l'investissement privé engendré par la dépense publique). Ce type de soutien est considéré comme une « aide d'État » par l'Organisation mondiale du commerce et, à ce titre, il est plafonné, afin de garantir des conditions concurrentielles pour les échanges internationaux.

La dimension territoriale est de plus en plus présente dans les politiques incitatives. Il s'agit d'encourager le développement de *clusters* d'entreprises innovantes, implantés dans des lieux précis, spécialisés dans certaines technologies, alliant universités, grandes entreprises et *startups*. La politique des « pôles de compétitivité » a été inaugurée en France en 2004. En 2017, il y avait soixante et onze pôles au total, dont sept « pôles mondiaux » (de plus grande envergure). Des aides spécifiques sont orientées vers ces pôles, issues des ministères, des agences de l'État et des autorités régionales et locales. Plus de 3 milliards d'euros ont été ainsi attribués aux entreprises participant à ces pôles en 2006-2012. Les projets coopératifs, stimulant l'effet d'entraînement mutuel et les externalités, sont privilégiés.

Les aides fiscales

L'État peut aussi subventionner indirectement la recherche des entreprises, en allégeant leur impôt à la mesure de leur dépense en recherche. Dans tous les pays de l'OCDE, les dépenses courantes de recherche (salaires et produits intermédiaires) sont considérées comme des intrants (coûts intermédiaires) : elles sont ainsi déduites des bénéfices et ne sont donc pas imposables. Les dépenses en capital (bâtiments et équipements) pour la recherche sont souvent traitées plus favorablement que les actifs du même type n'ayant pas la recherche comme objet (amortissement accéléré).

La mesure la plus importante est le crédit d'impôt-recherche (CIR) [OCDE, 1998], pratiqué dans vingt-sept pays de l'OCDE. Il a été introduit au Canada dans les années 1960, aux États-Unis en 1979 et en France en 1983. Son principe est de retirer directement de l'impôt (et non du revenu imposable) un montant dépendant des dépenses de recherche. Différents mécanismes existent selon les pays. Le crédit d'impôt peut être « en niveau », c'est alors une fraction du montant des dépenses de recherche qui est retirée de l'impôt ; il peut être « en accroissement » (« incrémental »), c'est alors une fraction de l'augmentation des dépenses de recherche (dépenses de l'année moins dépenses d'une année de référence) qui est prise en compte.

Longtemps incrémental, le CIR est devenu complètement en niveau en France en 2007. Le crédit d'impôt est de 30 % des dépenses de R&D pour une première tranche jusqu'à 100 millions d'euros et de 5 % des dépenses au-delà. Le taux est porté à 50 % l'année d'entrée dans le dispositif, à 40 % la deuxième année, à 60 % lorsque la dépense est effectuée dans le cadre d'un contrat avec un laboratoire public. Le CIR est imputé sur l'impôt de l'année ou, si l'entreprise n'est pas imposable (si elle n'a pas fait de bénéfice), il est remboursé la troisième année. Le remboursement immédiat est accordé à certaines catégories d'entreprises s'apparentant aux *startups* (notamment les « jeunes entreprises innovantes » — JEI) dont les besoins en liquidités sont généralement pressants. La France est le pays le plus généreux au monde en cette matière. Le CIR atteint un montant annuel de près de 6 milliards d'euros dans les années 2010.

L'objectif du crédit d'impôt-recherche est de réduire le coût *ex post* de la recherche pour les firmes, et ainsi de les inciter à en réaliser plus qu'elles ne le feraient spontanément. La question de l'efficacité de cette mesure se pose donc en premier lieu au niveau de sa capacité à induire plus de recherche de la part des firmes [Guellec et Van Pottelsberghe, 1999]. Le danger, comme pour les subventions, est l'« effet d'aubaine », les entreprises bénéficiant d'une aide pour des dépenses qu'elles auraient réalisées de toute façon. Cependant, certaines estimations suggèrent que l'additionalité de la mesure, c'est-à-dire le montant supplémentaire de recherche privée engendré par 1 euro de dépense publique, est compris entre 1 (1 euro de crédit d'impôt engendre 2 euros de recherche privée) et 0 (la firme accroît ses dépenses du montant du financement public, sans rien ajouter de ses propres fonds).

Coopération en recherche et politique de concurrence

L'État peut permettre ou même encourager les entreprises à se regrouper autour de projets de recherche d'un intérêt commun, de telle façon qu'elles puissent internaliser les externalités. Dans le cadre d'une coopération, chaque partenaire bénéficie des compétences et des découvertes de tous les autres et les fait bénéficier de ses propres capacités. Il y a donc réciprocité, ce qui réduit la propension de chacun à garder pour lui ses technologies. La coopération entre firmes constitue une infraction à la lettre des politiques de concurrence telles qu'édictées dans le traité de Rome pour l'Europe ou le *Sherman Act* aux États-Unis. Il a donc fallu prendre des mesures législatives particulières (le NCRA, *National Cooperative Research Act*, aux États-Unis en 1984) pour permettre à des firmes par ailleurs en concurrence de travailler ensemble. Les autorités publiques peuvent même encourager les firmes à coopérer, faisant de cela la condition d'accès à certaines aides financières. C'est le cas de Sematech aux États-Unis (consortium créé au milieu des années 1980 dans l'industrie des semi-conducteurs) ou des programmes-cadres (PCRD) en Europe. Au Japon, l'organisation de la coopération entre grandes firmes est une composante essentielle de la politique technologique. Le METI (ministère de l'Économie et du Commerce international) réunit les entreprises autour de grands programmes, souvent choisis et financés par elles, et il sert essentiellement de garant du comportement coopératif de chacun. Il faut en effet éviter que des participants adoptent des stratégies de passager clandestin, qui consisteraient à contribuer peu au programme (rétention de chercheurs, de connaissances, d'équipements) tout en en tirant un bénéfice maximal.

Les entreprises trouvent des avantages multiples dans ce type d'opération. Elles réduisent le coût de la recherche, elles peuvent bénéficier des compétences spécifiques de leurs partenaires, elles réduisent le risque (en le partageant avec d'autres). Ce sont là également des avantages pour la société, qui peut attendre que les firmes augmentent en conséquence leurs dépenses et leurs innovations technologiques. Cependant, si la coopération s'étend vers l'aval (développement des produits, voire production), alors il s'agit plutôt de collusion, laquelle est proscrite par les règles en vigueur : les consommateurs se retrouvent captifs d'un cartel, un monopole collectif, qui imposera notamment des prix plus élevés. C'est pourquoi la coopération est autorisée seulement dans les phases en amont, dites « de recherche précompétitive ». Cependant, même restreinte à l'amont, la coopération réduit aussi le degré de concurrence (c'est d'ailleurs son objectif), avec des résultats potentiellement dommageables, telles une réduction de la variété des voies de recherche suivies (appauvrissement du « patrimoine technologique » de l'économie) et la mise en place de barrières à l'entrée sur le marché (les entreprises exclues de l'accord se trouvent en position d'infériorité par rapport à celles qui y participent).

Le brevet

Le brevet est un titre de propriété couvrant une invention. Son détenteur se voit accorder le monopole de l'exploitation de l'invention couverte, sur une période limitée (vingt ans). L'inventeur peut soit exploiter lui-même l'invention, en commercialisant un produit qui l'intègre, soit accorder des licences d'exploitation à d'autres firmes. Il arrive que l'invention ne soit pas utilisée, soit parce qu'elle est sans valeur, soit parce que le seul usage du brevet est d'empêcher les concurrents d'accéder à la technologie couverte (« brevets dormants »). On estime généralement que 50 % environ des brevets ne débouchent sur aucune application industrielle.

Inventé par les cités commerçantes de la Renaissance italienne, le brevet est ensuite utilisé en Angleterre et en France au XVIe siècle. L'objet des « patentes royales » est alors d'attirer des artisans étrangers, porteurs de secrets de métier, en leur accordant un monopole temporaire. Ils devront à l'expiration laisser des artisans nationaux utiliser ces procédés. Le droit de propriété intellectuelle est inscrit dès l'origine dans la Constitution des États-Unis. Le brevet sera sans cesse perfectionné, complexifié, afin d'en faire un instrument plus efficace au service de l'innovation technologique.

Le brevet est une solution forcément imparfaite, de second rang, à une équation contradictoire [Guellec et Van Pottelsberghe, 2007]. Il vise en effet à favoriser simultanément l'innovation et la diffusion de la connaissance. L'innovation est valorisée grâce au monopole, lequel est contraire à la diffusion. Le brevet propose en conséquence un compromis : le monopole est limité dans la durée (après vingt ans, l'invention « tombe dans le domaine public »), et le brevet est accordé en contre-partie de la divulgation de l'invention. Le document est publié, donc accessible à tous, et il contient un descriptif suffisamment précis de la découverte pour que celle-ci puisse être « reproduite par un homme de l'art ». Le brevet vise donc à réduire le secret, moyen alternatif de protection à la disposition des inventeurs. Il apparaît cependant que le secret reste le mode préféré de protection dans le cas des innovations de procédé (auxquelles les concurrents n'ont pas d'accès direct), le brevet étant plus utilisé pour les innovations de produit [Levin *et al.*, 1987]. Le secret est un mode de protection nuisible d'un point de vue social. Réduisant la connaissance accessible aux autres chercheurs du domaine, il freine l'innovation et peut provoquer des duplications (puisque les chercheurs ne savent pas si la voie qu'ils suivent a déjà été empruntée par d'autres). Le décideur public est donc face à un dilemme : renforcer la diffusion risque de réduire l'incitation à innover, tandis que renforcer la protection risque de réduire la concurrence et la diffusion.

Pour obtenir un brevet, un inventeur doit d'abord en faire la demande auprès d'un office national. Le brevet est accordé ou refusé, selon qu'il remplit certaines conditions telles que d'être suffisamment inventif et d'avoir des applications industrielles possibles.

Quels sont les paramètres sur lesquels peut peser la politique publique ? Derrière la simplicité apparente de l'instrument, ces paramètres sont en fait nombreux. La durée de vie du brevet en est un, un brevet plus long favorisant bien sûr l'inventeur. Les accords du GATT, signés en 1994, fixent cette durée à vingt ans dans tous les pays signataires. Le nombre de « revendications » (c'est-à-dire de composantes ou de caractéristiques inventives) acceptées dans un même brevet est un autre paramètre, qui fixe l'étendue de l'invention couverte. Si l'étendue est faible, comme c'est le cas au Japon, alors il faut plus de brevets pour couvrir une même invention. Cependant, même dans les pays où le brevet est « large », comme les États-Unis, les grandes inventions sont en général couvertes par plusieurs, parfois plusieurs dizaines de brevets. L'objectif est d'empêcher le « contournement », c'est-à-dire une invention proche, dérivée, qu'un concurrent pourrait breveter. Les conditions de la délivrance sont aussi importantes. Le principe adopté par tous les pays, sauf les États-Unis, est celui du *first to file* : le brevet est accordé au premier qui en fait la demande. Aux États-Unis, le principe est celui du *first to invent*, qui veut qu'une demande puisse être contestée postérieurement à son dépôt par un inventeur qui, armé de ses carnets de laboratoire, prétend avoir fait la découverte antérieurement. Dans tous les pays, les demandes sont publiées dix-huit mois après leur dépôt (les accords du GATT exigent cela de la part des signataires, y compris les États-Unis). Aux États-Unis, les brevets sont fréquemment contestés devant les cours de justice : parce qu'ils ont une couverture large, parce qu'il y a le principe du *first to invent* (qui prête à la contestation) et parce qu'a été instituée au début des années 1980 une cour fédérale spécialisée, qui vient couronner un dispositif judiciaire particulièrement complet. En Europe, les offices nationaux cèdent progressivement du terrain à l'OEB (Office européen des brevets), qui procède à l'examen d'une fraction croissante des brevets délivrés dans les pays membres. Le Japon suit une tendance à l'alignement de son système de brevets sur les standards internationaux (possibilité de revendications multiples par exemple).

La tendance générale depuis le début des années 1980 est à un renforcement sensible du système des brevets dans tous les pays. Une étape importante en a été les TRIPs (*Trade Related Aspects of Intellectual Property Rights*), volet à part entière des accords du GATT signés en 1994, qui impose des normes communes à tous les pays signataires. De plus, et sans lien avec le GATT, les brevets ont été étendus à des domaines jusqu'alors non couverts, logiciels (aux États-Unis), gènes et organismes génétiquement modifiés (sous certaines conditions).

Cette tendance est-elle bénéfique ? Il est clair en tout cas qu'elle a nourri une augmentation très rapide du recours au brevet (accélération du nombre des demandes aux États-Unis et en Europe). Celle-ci peut refléter une expansion de l'activité inventive. Elle recouvre aussi pour partie un recours accru au brevet à des fins purement stratégiques [Cohen *et al.*, 1998], telles que barrer la route aux concurrents, les obliger à prendre des voies détournées, répondre à la stratégie de ceux-ci (dans un monde où tout le monde brevette, celui qui ne le fait pas est perdant). On assisterait ainsi à une sorte de mouvement d'« enclosures intellectuelles », réduisant la part collective dans le patrimoine de connaissances technologiques et même scientifiques (avec la génétique et le logiciel, qui est une suite de formules mathématiques, le brevet s'étend vers l'amont, vers la science), qui reflète finalement l'extension du rôle étendu du marché dans la régulation de l'activité inventive. À partir du milieu des années 2000, la Cour suprême des États-Unis a pris une série de décisions qui aboutissent à inverser cette tendance, donc à réduire la portée des brevets et renforcer l'exigence de nouveauté.

Les politiques de soutien aux jeunes entreprises innovantes (JEI)

Cette famille de politiques prend une ampleur croissante. Leur objectif est de créer un environnement général, réglementaire, financier et fiscal qui soutienne les entreprises innovantes [OCDE, 1998]. Les entreprises nouvelles fondées sur la technologie, les *start-up*, sont particulièrement visées. En permettant un renouvellement du tissu industriel et en maintenant la pression concurrentielle sur les grandes firmes, les *start-up* contribuent à dynamiser l'innovation. Il apparaît cependant que ces firmes affrontent des conditions plus difficiles que les autres, que cela soit le fait du marché ou du gouvernement lui-même. Étant petites et nouvelles, elles ont un accès plus difficile aux capitaux et aux marchés, privés comme publics.

L'approche traditionnelle des gouvernements consiste à fournir des aides directes à l'innovation, tels les prêts de la BPI. Cette approche est complétée par des mesures touchant aux conditions structurelles dans lesquelles s'exerce l'activité économique. Il s'agit d'introduire des mécanismes de marché au cœur du dispositif public de soutien aux petites entreprises innovantes. Ainsi, le gouvernement français (suivant en cela l'exemple de nombreux autres pays de l'OCDE) a contribué substantiellement à plusieurs fonds de capital-risque aux côtés d'investisseurs privés, fonds qui sont gérés par des professionnels de la même façon que si l'ensemble du capital était privé. Il s'agit ici de fournir des capitaux tout en laissant les forces du marché les allouer [OCDE, 2014a].

Des aides spéciales ont donc été créées pour l'entrepreneuriat innovant, avec notamment le programme « Jeunes entreprises innovantes » (JEI) mis en place en 2004. Celles-ci sont définies comme des entreprises de moins de 250 salariés, de moins de huit ans d'âge, dépensant au moins 15 % de leur chiffre d'affaires (ou charges totales) en R&D. Ces entreprises bénéficient de mesures spécifiques, telles l'exonération des charges sociales sur les emplois de chercheurs et d'autres exonérations fiscales, s'ajoutant au crédit d'impôt-recherche. Plus de 330 entreprises participaient au dispositif en 2014, représentant près de 21 000 emplois.

Une autre composante de cette politique consiste à encourager la mise en place et le développement de marchés financiers particulièrement adaptés aux nouvelles firmes innovantes, où elles puissent lever des fonds. L'exemple mondial de référence en est le Nasdaq américain. En France a été ouvert le Nouveau Marché en 1996, auquel a succédé en 2005 Alternext, mis en place par la société de marché Euronext dans un cadre légal et réglementaire décidé par l'État. La différence avec les marchés boursiers traditionnels concerne les conditions d'éligibilité des entreprises, qui sont sensiblement relâchées. Par exemple, les entreprises n'ont pas à présenter trois exercices bénéficiaires consécutifs, ni à mettre une grande part de leur capital sur le marché pour y avoir accès. Les conditions d'admission sur le marché sont adaptées à des entreprises jeunes, petites et à forte croissance. Un tel marché est nécessaire pour que le capital-risque se développe, puisqu'il fournit une possibilité de sortie aux investisseurs initiaux (qui, s'ils n'ont pas de possibilité de sortie claire, ne s'engageront pas).

La fiscalité sur les revenus engendrés par l'innovation est un autre levier pour les gouvernements. L'incitation à prendre le risque inhérent à l'innovation est directement liée à la rémunération qu'elle procure, en cas d'échec comme de succès. La fiscalité est un moyen d'action directe sur la structure des gains, elle peut réduire ou accroître le risque, elle peut rendre les investissements en innovations plus attractifs ou moins attractifs que les investissements moins risqués. En France, en 2017, la réduction de l'impôt sur la fortune (ISF) peut aller jusqu'à 50 % dans le cas d'investissements de PME innovantes ou des Fonds communs de placement en innovation (FCPI).

La fiscalité peut aussi permettre une réduction des pertes en cas d'échec, ce qui revient à mutualiser le risque. Le droit des faillites, le traitement fiscal des pertes en capital, le droit à des allocations chômage pour les entrepreneurs en situation d'échec sont des leviers parmi d'autres dans ce domaine.

Conclusion / L'innovation à l'âge digital

Les TIC sont une *general purpose technology*, c'est-à-dire une technologie qui peut affecter pratiquement tous les secteurs d'activité. Les TIC réduisent les coûts de traitement, de stockage et de communication de l'information. Cette réduction des coûts entraîne une utilisation croissante des TIC et une diversification de leurs usages, permise par une innovation accélérée. Des techniques nouvelles en ont résulté, comme le *cloud computing* (disponibilité de capacités de calcul gigantesques sur Internet), le *Big data* (données massives), l'intelligence artificielle. Des domaines connexes se sont aussi développés, comme les senseurs (qui assurent la collecte d'informations pour les ordinateurs) ou l'impression 3D (qui permet aux ordinateurs de fabriquer des objets). Ces innovations vont de pair avec le développement de secteurs nouveaux (réseaux sociaux, jeux électroniques) et la transformation de secteurs existants (hôtellerie, automobile). Les activités de science et d'innovation elles-mêmes ont été transformées. La « science ouverte » désigne les nouvelles pratiques scientifiques concernant la collecte et le traitement des données, le partage de celles-ci et des résultats des recherches (articles notamment). L'innovation digitale désigne les produits ou procédés nouveaux qui ont une forme digitale ou sont permis pas la digitalisation, ainsi que les pratiques associées des entreprises (« innovation ouverte », désignant les nouvelles formes de coopération en matière d'innovation). La digitalisation affecte donc directement l'innovation, et un certain nombre d'analyses présentées dans cet ouvrage doivent être actualisées dans ce contexte nouveau.

Avec l'innovation digitale, les données sont des intrants essentiels à l'innovation. Par exemple dans la pharmacie, des bases de données contenant des millions de composés sont explorées afin d'identifier leurs propriétés spécifiques. Les données massives sur les pratiques et donc les goûts des consommateurs sont utilisées pour cibler la publicité et pour orienter l'innovation. Ces données sont collectées directement par les fournisseurs d'accès Internet et les plateformes (Google, Amazon, Facebook, etc.). L'intelligence artificielle (IA) devient elle-même inventive, en combinant des idées et des données existantes, en adaptant le savoir disponible à des contextes particuliers. Watson, le système IA de IBM, a réalisé deux inventions dans le domaine des biotechnologies dès 2014, qui ont ensuite été brevetées, se voyant ainsi reconnaître une réelle originalité.

La science ouverte également est fondée sur les données. Les données scientifiques sont maintenant digitalisées, elles peuvent donc être partagées entre chercheurs et ainsi réutilisées beaucoup plus facilement qu'avant, permettant des gains de productivité dans la recherche. Les publications scientifiques sont disponibles sur Internet et elles sont accessibles très largement (malgré les prix très élevés chargés par les éditeurs), facilitant ainsi la diffusion des découvertes et donc la réalisation de découvertes nouvelles. Dans le cas des données médicales par exemple, les résultats de tests cliniques peuvent maintenant être partagés, permettant une analyse plus fine des résultats grâce à des comparaisons et à l'appariement avec des données complémentaires (profil génétique des patients).

L'innovation ouverte se développe également dans ce contexte. Le coût de communication de la connaissance codifiée entre acteurs, entreprises, laboratoires, chercheurs a beaucoup diminué (partage de données, téléconférences, etc.), permettant à des acteurs indépendants les uns des autres de communiquer aussi aisément que des acteurs appartenant à la même entreprise ou institution. Cela accroît l'attractivité de la coopération avec d'autres entités comme substitut à la recherche en interne pour les entreprises. Dans certains secteurs se développent des écosystèmes faits de grandes entreprises, *startups* et laboratoires publics qui mènent des recherches ensemble (par exemple à Eindhoven, aux Pays-Bas, dans les TIC autour de l'entreprise Philips).

Les TIC facilitent la création d'entreprises. Dans nombre de secteurs, le caractère immatériel de la production (« non-rivalité » des données et des logiciels) entraîne une réduction des barrières à l'entrée, facilitant ainsi la création de nouvelles entreprises, et il autorise une montée à l'échelle immédiate, donc des gains très rapides de parts de marché de ces nouveaux entrants, des *startups* qui réussissent. En 2012, la société Instagram (partage de photos sur Internet) a ainsi été acquise par Facebook pour 1 milliard de dollars, moins de trois ans après sa création, alors même qu'elle avait 13 employés. Ce phénomène, baptisé *scale without mass* (la taille sans le poids), est permis par le caractère intégralement immatériel, donc non rival de la production, qui ne requiert pas la construction d'usines, la constitution d'un réseau de vendeurs, etc., autant d'activités qui requièrent du temps et des ressources. Les TIC favorisent l'entrepreneuriat en réduisant les coûts d'entrée dans de nombreux secteurs : ainsi le *cloud* permet à une entreprise de louer de la capacité informatique dont elle a besoin plutôt que de l'acheter, ce qui réduit l'apport en capital nécessaire pour créer l'entreprise ; des entreprises très petites, des producteurs individuels même peuvent commercialiser leurs produits au niveau mondial à travers les plateformes Internet, évitant ainsi les investissements élevés que l'accès aux consommateurs exigeait auparavant. Le *crowdfunding* permet aux créateurs d'entreprises d'en appeler directement au public pour réunir le capital dont ils ont besoin, se passant ainsi du filtre des intermédiaires financiers comme les capital-risqueurs (se pose alors la question de la protection des investisseurs, qui est moindre sur ce type de marché).

À l'inverse, l'innovation digitale favorise aussi une tendance à la concentration sur des marchés de type *winner take all* (« le vainqueur prend tout ») : les TIC poussent la logique schumpetérienne de l'innovation jusqu'au bout. En effet, dans la vision schumpetérienne, la rente qui revient à l'innovateur dépend notamment du volume de ses ventes. Dans une économie digitale et globalisée, l'innovateur peut rapidement capter un marché très grand car il n'a pas à procéder à tous les investissements physiques liés à l'économie réelle, et il bénéficie d'un marché mondial. La rente est donc beaucoup plus élevée dans ces conditions. Et une rente plus élevée permet des investissements supplémentaires qui peuvent accroître encore la part de marché, la taille nourrissant ainsi la taille. Cela, allié aux économies d'échelle inhérentes à la production immatérielle (les coûts sont indépendants du volume des ventes), est source de marchés extrêmement concentrés.

Cette tendance est encore renforcée avec les plateformes. Les plateformes sont des lieux (virtuels) où différents acteurs se rencontrent et mènent des opérations communes ou des transactions de diverses natures. Elles sont généralement au cœur de réseaux d'acteurs (les réseaux sociaux par exemple) mais aussi d'activités diverses qui les utilisent. Par exemple, des jeux sont pratiqués sur Facebook, ou des systèmes d'analyse de données peuvent être mis en œuvre sur des plateformes industrielles. Elles ont ainsi un rôle central dans les activités nouvelles opérées sur Internet. Les économies d'échelle y sont massives, dues à la standardisation, source d'efficacité et de pouvoir, aux complémentarités dans les usages (si j'utilise une certaine plateforme pour une certaine activité, j'aurai tendance à utiliser la même plateforme pour d'autres activités), à des « économies de réseau » (la valeur d'un réseau pour chaque utilisateur croît avec le nombre de ses utilisateurs). Une forme particulière des économies de réseau apparaît sur les *two-sided markets*, qui sont des plateformes où se rencontrent l'offre et la demande (par exemple Amazon) : un nombre plus grand de consommateurs attirera un nombre plus grand de fournisseurs et *vice versa*, de telle façon que la taille nourrit la taille [Rochet et Tirole, 2004]. Il y a concurrence entre les plateformes, et les plus grandes tendent à absorber les nouveaux entrants, les *startups* qui ont réussi à attirer suffisamment d'audience ou dont les produits offrent des promesses significatives de succès sur le marché.

L'innovation digitale pose donc des défis nouveaux aux politiques de soutien à l'innovation. En matière de concurrence, il s'agit de permettre aux entreprises de toutes tailles d'agir librement, tout en restreignant les comportements des plus grandes qui réduisent la concurrence (par exemple, l'acquisition systématique des *startups* qui réussissent et pourraient les concurrencer demain). En matière de soutien direct, il s'agit de parvenir à déployer et redéployer rapidement les financements publics selon les opportunités technologiques et économiques rapidement changeantes (« agilité »). En matière de droits de propriété intellectuelle, il faut pousser vers un accès plus ouvert aux ressources de connaissance nécessaires à la création. Il faut enfin soutenir les PME qui se convertissent à l'innovation digitale, prenant des risques conséquents (elles échouent souvent), mais cela est le seul moyen pour nombre d'entre elles d'échapper à une disparition inévitable, qui générerait parfois un coût plus élevé pour la collectivité.

Ces transformations de l'« innovation réelle » appellent une adaptation des théories de l'innovation telles qu'elles ont été exposées dans cet ouvrage. L'économie de l'innovation digitale, c'est-à-dire l'économie de l'innovation de l'avenir, sera un mix de l'économie de l'innovation traditionnelle et de l'économie de l'information [voir notamment Shapiro et Varian, 1999 ; et

Bryņjolfsson et Mc Afee, 2015]. On peut qualifier l'innovation digitale d'« innovation sur stéroïdes », en ce sens qu'elle présente toutes les propriétés de l'innovation traditionnelle (non-rivalité, exclusivité partielle, destruction créatrice, monopole, etc.) mais de façon amplifiée. Les frictions et obstacles qui pouvaient modérer les effets de ces caractéristiques dans le cas de l'innovation traditionnelle étaient liés au caractère physique des produits et procédés, impliquant une certaine rivalité, des coûts variables significatifs, des coûts de transport, des délais de construction, etc. Avec l'innovation digitale, ces freins disparaissent et les caractéristiques traditionnellement associées à l'innovation peuvent exercer pleinement leurs effets. En ce sens, l'innovation digitale pourrait aussi rendre la réalité plus proche de certains schémas théoriques.

Repères bibliographiques

ABRAMOWITZ M., *Thinking About Growth*, Cambridge University Press, 1989.

AGHION P. et HOWITT P., *Endogenous Growth Theory*, MIT Press, Cambridge, 1997.

AGHION P., BLOOM N., BLUNDELL R., GRIFFITH R., HOWITT P., « Competition and innovation : an inverted-u relationship », *Quarterly Journal of Economics*, vol. 120 (2), 2005.

AGHION P., AKCIGIT U., BERGEAUD A., BLUNDELL R. et HÉMOUS D., « Innovation and top income inequality », NBER, *Working Paper*, 2015.

AMABLE B., BARRÉ R. et BOYER R., *Les Systèmes nationaux d'innovation à l'ère de la globalisation*, Economica, Paris, 1997.

ARROW K., « Economic welfare and the allocation of resources for invention », *in* NELSON R. (éd.), *The Rate and Direction of Inventive Activity*, Princeton UP, New Jersey, 1962.

BACH L., COHENDET P., LAMBERT G. et LEDOUX M.-J., « Measuring and managing spinoffs : the case of the spinoffs generated by ESA programs », *Space Economics*, AIAA, Washington, 1992.

BARRO R. et SALA Y MARTIN X., *Economic Growth*, McGraw Hill, 1995.

BARTEL A. P. et LICHTENBERG F. R., « The comparative advantage of educated workers in implementing new technology », *Review of Economics and Statistics*, vol. 60, février 1987.

BOSKIN M. J., DULBERGER E. R., GORDON R. J., GRILICHES Z. et JORGENSON D. W., « Consumer prices, the consumer price index, and the cost of living », *Journal of Economic Perspectives*, vol. 12(1), 1998, p. 3-26.

BOYER R. et DIDIER M., *Relancer une dynamique de la croissance durable par l'innovation*, rapport pour le Conseil d'analyse économique, La Documentation française, Paris, 1998.

BRAVERMAN H., *Travail et capitalisme monopoliste*, Maspero, Paris, 1974.

BRESNAHAN T. et GORDON R. J. (éd.), *The Economics of New Goods*, University of Chicago Press, 1997.

BRESNAHAN T. et TRAJTENBERG M., « General purpose technologies : engines of growth ? », *Journal of Econometrics*, 65, 1995, p. 83-108.

BRONWYN H., MAIRESSE J. et MOHNEN P., « Measuring the returns to R&D », *in* HALL B. et ROSENBERG N. (dir.), *Handbook of the Economics of Innovation*, Hollande-du-Nord, 2010.

BRYNJOLFSSON E. et MC AFEE A., *Le Deuxième Âge de la machine : travail et prospérité à l'heure de la révolution technologique*, Odile Jacob, Paris, 2015.

CALLON M., « Externalités et coordination marchande : un point de vue sociologique », *in* FORAY D. et MAIRESSE J. (éd.), *Innovations et performances : approches interdisciplinaires*, Éditions de l'EHESS, Paris, 1998.

CARLINO G. et KERR W., « Agglomeration and innovation », Bank of Finland, *Research Paper 27-2015*, 2015.

CARON F., *Les Deux Révolutions industrielles du XXe siècle*, Albin Michel, Paris, 1997.

CLÉMENT C. et LELARGE C., *L'Innovation dans l'industrie*, SESSI, « Le 4 pages », 2006.

COASE R., « A theory of the firm », *Economica*, Paris, 1937.

COHEN W., GOTO A., NELSON R. R. et WALSH J., « R&D spillovers, patents and the incentives to innovate in Japan and the United States », miméo, Carnegie Mellon University, 1998.

COHEN W. et LEVIN R., « Empirical studies of innovation and market structure », *in* SCHMALENSEE R. et WILLIG R. (éd.), *Handbook of Industrial Organization*, Elsevier, Paris, 1989.

COHEN W. et LEVINTHAL D., « Innovation and learning : the two faces of R&D », *Economic Journal*, vol. 99, 1989.

COHENDET P., FORAY D., GUELLEC D. et MAIRESSE J., « La gestion des externalités positives de la recherche », *in* FORAY D. et MAIRESSE J. (éd.), *Innovations et performances : approches interdisciplinaires*, Éditions de l'EHESS, Paris, 1998.

COMMISSION EUROPÉENNE, *Rapport européen sur les indicateurs de science et technologie*, Bruxelles, 1997.

CRÉPON B. et IUNG N., « Innovation, emploi et performance », miméo, INSEE, Paris, 1998.

DASGUPTA P. et DAVID P., « Towards a new economics of science », *Research Policy*, vol. 23, 1994, p. 487-521.

DASGUPTA P. et STIGLITZ J., « Industrial structure and the nature of innovation activity », *Economic Journal*, 90, 1980, p. 266-293.

DAVID P., « Computer and the dynamo », *American Economic Review*, 80(2), 1991.

DAVID P. et FORAY D., « Distribution et expansion de la base des connaissances scientifiques et technologiques », Revue *STI*, n° 16, OCDE, 1995.

DOSI G., « Sources, procedures and microeconomic effects of innovation », *Journal of Economic Literature*, vol. XXVI, septembre 1988.

DOSI G., PAVITT K., SOETE L., « The Economics of technical change and international trade », Laboratory of Economics and Management (LEM), Sant'Anna School of advanced studies, Pise, Italie, 1990.

FREEMAN C. et SOETE L., *The Economics of Industrial Innovation*, MIT Press, Cambridge, 1997.

GILLE B., *Histoire des techniques*, La Pléiade, Paris, 1978.

GORDON R., *The Rise and Fall of American Growth*, Princeton University Press, 2016.

GREENAN N. et GUELLEC D., « Innovation organisationnelle, dynamisme technologique et performances des entreprises », *Économie et Prévision*, 1994.

Griliches Z., « Issues in assessing the contribution of R&D to productivity growth », *Bell Journal of Economics*, vol. 10, 1979, p. 92-116.

Guellec D., « Externalités et asymétries d'information dans un modèle de croissance », *Revue économique*, 46(3), 1995, p. 837-846.

Guellec D. et Ioannidis E., « Les causes des fluctuations de la recherche », *Revue économique de l'OCDE*, 1999.

Guellec D. et Ralle P., *Les Nouvelles Théories de la croissance*, La Découverte, coll. « Repères », nouvelle édition, Paris, 1997.

Guellec D. et Van Pottelsberghe B., « Le soutien gouvernemental stimule-t-il la R-D privée ? », *Revue économique de l'OCDE*, 1999.

—, « From R&D to productivity growth : do the institutional settings and the source of funds of R&D matter ? », *Oxford Bulletin of Economics and Statistics*, vol. 66, 3(07), 2004, p. 353-378.

—, *The Economics of the European Patent System*, Oxford University Press, Oxford, 2007.

Guillaume H., *Technologie et innovation, rapport pour le gouvernement*, La Documentation française, Paris, 1998.

Hall B. H., Mairesse J. et Mohnen P., « Measuring the return to R&D », *in* Hall B. H. et Rosenberg N. (dir.), Handbook of the Economics of innovation, Elsevier, 2010.

Himmelberg C. P. et Petersen B. C., « R&D and internal finance : a panel study of small firms in high tech industries », *Review of Economics and Statistics*, 77, 1994, p. 38-51.

Husson M., *Misère du capital*, Paris, Syros, 1995.

Irwin D. A. et Klenow P. J., « Learning by doing spillovers in the semiconductor industry », *Journal of Political Economy*, 102(6), 1994, p. 1200-1227.

Jaffe A., « Technological opportunity and spillovers of R&D », *American Economic Review*, vol. 76, 1986, p. 984-1001.

Jewkes J., Sawers D. et Stillerman R., *The Sources of Innovation*, 2e édition, McMillan, Londres, 1969.

Jones C. I., « R&D based models of economic growth », *Journal of Political Economy*, 106(4), 1995, p. 759-784.

Kamien M. et Schwartz N., *Market Structure and Innovation*, Cambridge University Press, Cambridge, 1982.

Katsoulacos Y., « Product innovation and employment », *European Economic Review*, 26, 1984, p. 83-108.

Kealey T., *The Economic Laws of Scientific Research*, McMillan, Londres, 1996.

Klepper S., « Industry life cycles », *Indutrial and Corporate Change*, 6(1), 1997, p. 145-181.

Kline L. et Rosenberg N., « An overview of innovation », *in* Landau R. et Rosenberg N. (éd.), *The Positive Sum Strategy*, National Academy Press, Washington DC, 1986.

Krugman P., *Rethinking International Trade*, MIT Press, Cambridge, 1990.

—, « Technological change in international trade », *in* Stoneman P. (éd.), *Handbook of the Economics of Innovation*, Blackwell, Oxford, 1995.

LEE Y. et MUKOYAMA T., « Entry, exit, and plant-level dynamics over the business cycle », Federal Reserve Bank of Cleveland, *Working Paper*, n° 07-18, 2007.

LEVIN R., KLEVORICK A., NELSON R. et WINTER S., « Appropriating the returns from industrial R&D », *Brookings Papers on Economic Activity*, 1987, p. 3.

LORENZI J.-H. et BOURLÈS J., *Le Choc du progrès technique*, Economica, Paris, 1995.

MADDISON A., *Monitoring the World Economy*, OCDE, Paris, 1995.

MAGNIER A. et TOUJAS-BERNATE J., « Innovation technologique et performances à l'exportation », *in* GUELLEC D. (éd.), *Innovation et compétitivité*, INSEE-Economica, Paris, 1994.

MANSFIELD E., RAPOPORT J., SCHNEE J., WAGNER S. et HAMBURGER M., *Research and Innovation in the Modern Corporation*, Norton, New York, 1971.

MARX K., *Le Capital*, éd. franç. Éditions sociales, Paris, 1864.

MOHNEN P., « Externalités de la recherche et croissance de la productivité », Revue *STI*, n° 18, OCDE, 1996.

MOWERY D. et ROSENBERG N., « Demand pull and technology push » (1979), *in* ROSENBERG N., *Inside the Black Box*, Cambridge University Press, Cambridge, 1982.

NELSON R. et WINTER S., *An Evolutionary Theory of Economic Change*, Belknap Press of Harvard University Press, Cambridge, 1982.

OCDE, *Technologie, productivité et création d'emplois*, Paris, 1996.

—, *Technologie, productivité et création d'emplois : politiques exemplaires*, Paris, 1998.

[OCDE], *Manuel d'Oslo*, Paris, 2005.

—, *Innovation in global networks*, Paris, 2008.

—, *Manuel des statistiques de brevets*, Paris, 2009a.

—, *Policy responses to the economic crisis — Investing in innovation for long term growth*, Paris, 2009b.

—, *Examens des politiques d'innovation*, Paris, 2014a.

—, *New sources of growth : knowledge-based capital*, Paris, 2014b.

—, *Manuel de Frascati*, Paris, 2015.

—, *Science, technology and innovation outlook*, Paris, 2016.

PAUNOV C. et GUELLEC D., « Digital innovation and the distribution of income », *in* CORRADO C., MIRANDA J., HASKEL J. et SICHEL D. (dir.), « Measuring and accounting for innovation in the 21st century », NBER, *Book Series in Income and Wealth*, 2017.

PICKETTY T., *Le Capital au XXIe siècle*, Le Seuil, Paris, 2013.

RABEHARISOA V., « Le capital-risque », miméo CSI-École des mines, Paris, 1996.

REINGANUM J., « The timing of innovation », *in* SCHMALENSEE R. et WILLIG R. (éd.), *Handbook of Industrial Organization*, Elsevier, Paris, 1989.

RICARDO D., *Traité d'économie politique et de l'impôt*, éd. franç. Flammarion, Paris, 1819.

RIFKIN J., *La Fin du travail*, La Découverte, Paris, 1997.

RIVERA-BATIZ L. et ROMER P. M., « Economic integration and endogenous growth », *Quarterly Journal of Economics*, 106(2), 1991, p. 531-555.

ROCHET J.-C. et TIROLE J., « Two-sided markets : an overview », IEI, *Working Papers*, Toulouse, 2004.

ROMER P. M., « Increasing returns and long term growth », *Journal of Political Economy*, vol. 94, 1986, p. 1002-1037.

—, « Endogenous technical change », *Journal of Political Economy*, vol. 98, 1990, p. S71-S102.

SAUVY A., *La Machine et le chômage*, Dunod, Paris, 1979.

SCHERER F. M., *Innovation and Growth. Schumpeterian Perspectives*, MIT Press, Cambridge, Mass., 1984.

SCHMOOKLER J., *Invention and Economic Growth*, Harvard UP, 1966.

SCHUMPETER J., *Théorie de l'évolution économique* (1911), éd. franç. Dalloz, Paris, 1983.

—, *Business Cycles*, McGraw-Hill, 1939.

—, *Capitalisme, socialisme et démocratie* (1942), éd. franç. Payot, Paris, 1990.

SHAPIRO K. et VARIAN H., *Économie de l'information*, De Boeck, Paris, 1999.

SMITH A., *Essai sur la nature et les causes de la richesse des nations*, éd. franç. Gallimard, Paris, 1776.

SOETE L., « Firm size and inventive activity : the evidence reconsidered », *European Economic Review*, 12, 1979, p. 319-340.

SOLOW R. M., « Technical change and the aggregate production function », *Review of Economics and Statistics*, n° 39, 1957, p. 312-320, repris *in* ABRAHAM-FROIS G., *Problématiques de la croissance*, Economica, Paris, 1974.

SYMEONIDIS G., « Innovation, taille de la firme et structure de marché », *Revue économique de l'OCDE*, n° 27, 1996.

TIROLE J., *Industrial Organization*, MIT Press, Cambridge, Mass., 1988.

UTTERBACH J., « The dynamics of products and process innovation in industry », *in* HILL C. T. et UTTERBACH J. M. (éd.), *Technological Innovation for a Dynamic Industry*, Pergamon Press, New York, 1979.

YOUNG A., « Invention and bounded learning by doing », *Journal of Political Economy*, 101 (3), 1993, p. 443-470.

—, « Growth without scale effects », *Journal of Political Economy*, 106 (1), 1998, p. 41-63.

Table des matières